AFRIKA-KARTENWERK

Serie N, Beiheft zu Blatt 9

D1671068

AFRIKA-KARTENWERK

Herausgegeben im Auftrage der Deutschen Forschungsgemeinschaft
Edited on behalf of the German Research Society
Edité au nom de l'Association Allemande de la Recherche Scientifique
von/by/par Ulrich Freitag, Kurt Kayser, Walther Manshard,
Horst Mensching, Ludwig Schätzl, Joachim H. Schultze †

Redakteure, Assistant Editors, Editeurs adjoints: Gerd J. Bruschek, Dietrich O. Müller

Serie, Series, Série N
Nordafrika (Tunesien, Algerien)
North Africa (Tunisia, Algeria)
Afrique du Nord (Tunisie, Algérie)
Obmann, Chairman, Directeur: Horst Mensching

Serie, Series, Série W
Westafrika (Nigeria, Kamerun)
West Africa (Nigeria, Cameroon)
Afrique occidentale (Nigéria, Cameroun)
Obmänner, Chairmen, Directeurs: Ulrich Freitag, Walther Manshard

Serie, Series, Série E
Ostafrika (Kenya, Uganda, Tanzania)
East Africa (Kenya, Uganda, Tanzania)
Afrique orientale (Kenya, Ouganda, Tanzanie)
Obmänner, Chairmen, Directeurs: Ludwig Schätzl, Joachim H. Schultze †

Serie, Series, Série S
Südafrika (Moçambique, Swaziland, Republik Südafrika)
South Africa (Mozambique, Swaziland, Republic of South Africa)
África do Sul (Moçambique, Suazilândia, República da África do Sul)
Obmänner, Chairmen, Directores: Diethard Cech, Kurt Kayser

GEBRÜDER BORNTRAEGER · BERLIN · STUTTGART

AFRIKA-KARTENWERK

Serie N: Beiheft zu Blatt 9
Series N: Monograph to Sheet 9
Série N: Monographie accompagnant la feuille 9

N 9

Redakteur, Assistant Editor, Editeur adjoint: Gerd J. Bruschek

Horst-Günter Wagner

Siedlungsgeographie — Nordafrika (Tunesien, Algerien) 32°—37° 30 N, 6°—12° E

Settlement-Geography — North Africa (Tunisia, Algeria)
Géographie de l'habitat — Afrique du Nord (Tunisie, Algérie)

Räumliche, genetische und funktionale
Differenzierung des Siedlungsgefüges 1970—1976

Mit 59 Figuren und 11 Tabellen sowie Summary und Résumé

1983

GEBRÜDER BORNTRAEGER · BERLIN · STUTTGART

Anschrift des Autors:

Prof. Dr. H.-G. Wagner
Geographisches Institut
der Universität Würzburg
Am Hubland
8700 Würzburg

Für den Inhalt der Karte und des Beiheftes ist der Autor verantwortlich.
The author is responsible for the content of Map and Monograph.
L'auteur est responsable du contenu de la carte et de la monographie.

Gedruckt im Auftrage und mit Unterstützung der Deutschen Forschungsgemeinschaft
sowie mit Unterstützung (Übersetzungskosten) durch das Bundesministerium für
Wirtschaftliche Zusammenarbeit (BMZ).

ISBN 3 443 28337 3

Inhalt

Verzeichnis der Figuren

Verzeichnis der Tabellen

VIII

Contents

List of Figures

List of Tables

Sommaire

Index des figures

Index des tableaux

1 Methodische Vorbemerkung

Die Grundkonzeption des Blattes Siedlungsgeographie der Serie Nord des AFRIKA-KAR-TENWERKES ergab sich aus der thematischen Korrelation folgender Gesichtspunkte.

Formal-strukturelle Kriterien: Sie beschreiben die wichtigsten Formen räumlicher Anordnung der einzelnen Elemente des Siedlungsgefüges eines Gebietes. Folgende Siedlungstypen treten im Untersuchungsgebiet auf:
— Einzelgehöftsiedlung, Streu- und Schwarmsiedlung
— Geschlossene Siedlungen, große Dorfanlagen, Zentrale Orte
— städische Siedlungen mit hoher Bevölkerungskonzentration
— verstädterte Randbereiche, suburbane Gebiete an der Peripherie von Städten.

Funktionale Kriterien: Die Gliederung der strukturellen Aspekte beinhaltet bereits funktionale Merkmale. Darunter versteht man die Aufgaben (Funktionen), die eine bestimmte Siedlung im Gesamtgefüge des Siedlungsnetzes eines größeren Raumes zu erfüllen hat. Konkret ist damit die Unterscheidung in agrarische Siedlungen, Zentrale Orte mit Versorgungseinrichtungen, Industrie-, Bergbau- und Hotelsiedlungen sowie Städte in ihrer vielfältigen Gestaltung zu verstehen.

Genetische Kriterien: Die unterschiedlichen Funktionen der einzelnen Teilbereiche des Siedlungssystems resultieren innerhalb des hier zu behandelnden Kartenblattes aus verschiedenen zeitlichen Entwicklungsphasen. Einzelne der auf sie zurückgehenden Strukturen sind noch heute wirksam. Die in dieser Hinsicht wichtigsten historischen Zeiträume wurden im Beiheft N 8 zur Bevölkerungskarte des AFRIKA-KARTENWERKES (Kapitel 2.1) bereits näher besprochen, deshalb sei hier lediglich eine kurze Übersicht gegeben:
— antike und vorislamische Phase: punische, römische Siedlungen in den Küstenregionen, inselhaft jedoch auch im Bereich der Tiefland- und Hochlandsteppen; berberische, vorwiegend nomadische Lebensformen in allen Steppenregionen, bäuerliche Bevölkerungen in Gebirgen
— Arabische Kulturentwicklung: Die insgesamt wichtigste Phase der Gestaltung des Siedlungsnetzes in seiner gegenwärtigen Struktur begann mit der Überformung der älteren Kulturlandschaft durch den von Osten in den Maghreb eindringenden Islam. Die Genese zahlreicher Städte Tunesiens und ihrer sozioökonomischen Ordnung ist das wichtigste Ergebnis dieser etwa eintausendjährigen Entwicklung. Rückschläge durch die Invasion nomadischer Gruppen im 11. Jahrhundert (Beni Hilal), aber auch starke Entwicklungsimpulse durch die Zuwanderung der aus Spanien vertriebenen Juden und „Andalusier" (letzte Anhänger des islamischen Glaubens auf der Iberischen Halbinsel) prägten den wechselvollen Werdegang des Siedlungsnetzes in diesem Zeitabschnitt.
— Koloniale Überformung: Die nachhaltigste Umgestaltung der Siedlungsstruktur erfolgte während der Kolonialzeit. Etwa seit der Mitte des 19. Jahrhunderts begann

damit ein Vorgang, der zu einer ausgeprägten dualistischen Entwicklung des Siedlungsgefüges führte. Das Nebeneinander verschiedener Stadt-Typen (arabisch-islamische Medina
und europäisch gestaltete Neustadt) ist innerhalb des urbanen Siedlungsnetzes die auffäl-
ligste Folge dieser Einflußnahme. In der Agrarlandschaft ergaben sich in den nördlichen
Teilen Tunesiens und Ostalgeriens ebenfalls ökonomische und soziale Disparitäten zwischen kolonialer Zivilisation und arabischer Kultur. In den zentralen Landesteilen begann
mit der Okkupation von ehemaligen Weideflächen die Veränderung nomadischer und
halbnomadischer Lebensformen. Diese Entwicklung führte zur fortschreitenden Seßhaftwerdung dieser nomadischen Bevölkerungsgruppen.

 — P o s t k o l o n i a l e   E n t w i c k l u n g : In Tunesien begann seit 1956, in Algerien ab
1962 eine Phase z. T. grundlegender Neuordnung des Siedlungssystems. Ihr wesentlichstes
Merkmal ist in dem weitgehend erfolgreichen Versuch zu sehen, die während der Kolonialzeit entstandenen wirtschafts- und siedlungsräumlichen Gegensätze abzubauen. Der
zweite, wohl noch wichtigere, die Siedlungsstruktur verändernde Faktor ergab sich aus
dem zunehmenden Bevölkerungswachstum. Lebten zu Beginn der Protektoratszeit (1881)
in Tunesien etwa 1,5 Mio. Menschen, so wurde (ohne Europäer) 1950 eine Verdoppelung
erreicht. Heute (1980) ist die Bevölkerungszahl auf über 6 Mio. angewachsen. Die Auswirkungen dieses demographischen Vorgangs auf das Siedlungssystem mußte im Darstel-
lungsbild der Siedlungskarte ebenso berücksichtigt werden wie die planmäßig fortgeführte
Seßhaftmachung der halbnomadischen Bevölkerung in den zentralen und südlichen Teilen
des Untersuchungsgebietes. Deshalb lag es nahe, die Grundkonzeptionen der bevölkerungsgeographischen sowie der siedlungsgeographischen Karte aufeinander abzustimmen
(vgl. Kap. 4 des Beiheftes N 8 zur Bevölkerungsgeographie, s. AFRIKA-KARTENWERK, Beiheft N 8).

 — W i r t s c h a f t s r ä u m l i c h e   K r i t e r i e n : Die nachkoloniale und gegenwärtige Entwicklung der ökonomischen Substanz hat nicht nur dazu beigetragen, die aus der Periode
der Europäisierung vererbten wirtschaftsräumlichen Disparitäten zu vermindern. Es entstanden auch neue Schwerpunkte der wirtschaftlichen Entwicklung. Sowohl im Nahbereich alter Stadtregionen (z. B. Tunis, Sousse, Sfax), als auch durch Gründung von indu-
striellen Standortkomplexen („Entwicklungspole") in bislang rein agrarischen Gebieten
begann ein Trend, der auf eine polyzentrische wirtschaftsräumliche Gliederung hinzufüh-
ren scheint. Auswirkungen dieses Prozesses auf das Siedlungsgefüge machen sich mit der
Bevölkerungszunahme und den damit verbundenen Migrationsvorgängen bereits jetzt bemerkbar. So erlangt für die Konzeption der siedlungsgeographischen Karte das Zusam-
menwirken von demographischer und regionalökonomischer Entwicklung in Gestalt von
Verstädterungsprozessen erhebliche Bedeutung.

 — G e o ö k o l o g i s c h e - a g r a r g e o g r a p h i s c h e   K r i t e r i e n : Da die Gestaltung von
Siedlungsformen wesentlich durch die vorherrschende Wirtschaftsweise bestimmt wird,
ergab sich die Notwendigkeit einer Korrelation mit den Determinanten der agrarwirtschaftlichen Inwertsetzung. Sie resultieren dominant aus dem nord-südlich, und im Bereich der tunesischen Ostküste auch ost-westlich gerichteten Wandel der geoökologischen
Grundlagen. Ihr Wirkungsgefüge wird eingehend bei MENSCHING (1979) dargestellt.
ACHENBACH hat die Bedeutung dieses naturgeographischen Faktorenkomplexes (1971) unter Einbezug der wirtschaftlichen, politischen und sozialen Bezüge für die agrarräumliche

Gliederung erläutert. Das Blatt Agrargeographie (ACHENBACH 1976, s. AFRIKA-KARTEN-WERK, Blatt N 11) läßt die starke Abhängigkeit der agrarischen Bodennutzungssysteme vom Nord-Süd-Wandel zwischen mediterran-humiden Gebirgsregionen und Hochflächenlandschaften über die mediterran beeinflußten semiariden bis ariden Steppenlandschaften der Zentralregion bis zu den ariden bis vollariden Wüstensteppen und Wüstenlandschaften der Südregion erkennen. Im Beiheft N 8 zum Blatt Bevölkerungsgeographie (s. AFRIKA-KARTENWERK, Beiheft N 8) wird mit der Karte von *Figur 18* und der daran anschließenden tabellarischen, vergleichenden Übersicht *(Tab. 21)* eine Parallelisierung der wichtigsten naturräumlich-klimaökologischen, agrargeographischen und siedlungsgeographischen Raumeinheiten vorgenommen, auf die hier verwiesen sei.

Aus den fünf, für die Gestaltung der Siedlungsstruktur als wesentlich herausgehobenen Kriterienbündeln mußte nun die örtlich oder regional jeweilige Dominante bestimmt werden. Dadurch ergab sich die räumliche Abgrenzung der einzelnen Siedlungstypen. Regional resultierte aus diesen Arbeitsschritten eine Gliederung des Kartenblattes in Anlehnung an die agrargeographischen, überwiegend einem Nord-Süd-Profil entsprechenden Gebietseinheiten. Zur näheren Kennzeichnung der einzelnen Siedlungsraumtypen wurden allerdings die unmittelbar bestimmenden siedlungsgeographischen Kriterien herangezogen:

Typologische und räumliche Gliederung der Siedlungssubstanz:

1. Altbesiedelte Gebirgsregion des Tell
2. Siedlungsräume mit direkter/indirekter Überformung während der Kolonialzeit
3. Vorwiegend präkolonial entstandene Siedlungsräume: Sahel
4. Gebiete älterer, vor 1950 erfolgter Seßhaftwerdung in räumlicher und zeitlicher Differenzierung
5. Gebiete seßhafter bäuerlicher Bevölkerung in den Oasenregionen und im Bereich der Schichtstufenlandschaften
6. Gebiete der jüngeren Seßhaftwerdung nach 1950 in der Steppen- und Wüstenregion.

Vergleicht man diese Raumeinheiten, so ist die Beziehung zu den agrargeographisch-klimaökologischen Raumeinheiten nicht zu verkennen. Gleichzeitig werden die wichtigsten Phasen des historischen Werdegangs der Siedlungsstruktur, soweit sie für deren Gegenwartszustand bedeutungsvoll sind, sichtbar gemacht. Zusatzsignaturen kennzeichnen dominante Merkmale ausgewählter, regionaler Funktionstypen von Siedlungen.

Dem Aufbau der Siedlungskarte liegen längere Aufenthalte im Untersuchungsgebiet zugrunde. Die Geländearbeiten wurden im wesentlichen gemeinsam mit dem Autor der Karte N 12 Wirtschaftsgeographie sowie N 13 Verkehrsgeographie, A. ARNOLD, durchgeführt (s. AFRIKA-KARTENWERK, Blatt N 12 u. N 13). Dabei wurden die wichtigsten Siedlungstypen auf Basis der amtlichen topographischen Karte 1 : 50 000 erfaßt. Detailkartierungen geben Einblick in die räumlich unterschiedlichen Einzeldeterminanten des Siedlungsgefüges. Über eine Generalisierung der Geländebefunde entstand eine erste überblicksartige Gliederung von Siedlungsräumen im Maßstab 1 : 200 000. Aus dieser Darstellung konnte anschließend die vorliegende Karte, zunächst im Maßstab 1 : 500 000 entwickelt werden. Ähnlich wie bei der Bevölkerungskarte erfolgte die Reduzierung auf den Maßstab 1 : 1 Million auf photomechanischem Wege.

Die folgende Erläuterung der Siedlungskarte hat die Aufgabe, die einzelnen Siedlungstypen möglichst anschaulich zu beschreiben. Dabei kommt es darauf an, die Kausalität der oben herausgestellten fünf Kriterienbereiche entsprechend ihrer jeweiligen Bedeutung näher zu bewerten. Der Text bezieht sich auf den Siedlungszustand zwischen 1970 und 1976.

Den Legendenziffern der Karte Siedlungsgeographie (s. AFRIKA-KARTENWERK, Blatt N 9) wird innerhalb des Textes jeweils ein S vorangestellt. Hinweise auf einzelne Legendenpositionen der Karte Agrargeographie (H. ACHENBACH) werden durch ein A gekennzeichnet (s. AFRIKA-KARTENWERK, Blatt N 11).

2   Altbesiedelte Gebirgsregionen des Tell

Die Siedlungsräume der altbesiedelten Gebirgs- und Berglandschaften des Tell werden im vorliegenden Blatt durch vorwiegend braune Flächenfarben gekennzeichnet (*Sig. 1—9*). Folgende gemeinsame Merkmale prägen die Siedlungsstruktur dieses nördlichsten Teiles des Kartenausschnittes. Aus bevölkerungsgeographischer Sicht wird das hier als Siedlungsraum zu besprechende Gebiet in Kapitel 5.2.1 des Beiheftes zur Karte Bevölkerungsgeographie behandelt (s. AFRIKA-KARTENWERK, Beiheft N 8).

2.1 Altseßhafte Bevölkerung

Generell handelt es sich um Gebiete, in denen im Kontrast zu den Steppenlandschaften Zentraltunesiens und Ostalgeriens bereits in vorkolonialer Zeit eine bäuerliche Bevölkerung seßhaft war. In bestimmten Teilbereichen sind kulturlandschaftliche Schichten erkennbar, die — mit zeitlichen Unterbrechungen — bis zur römischen Erschließung dieser Regionen als Wirtschafts- und Siedlungsraum zurückführen. Freilich waren einzelne Gebiete in den Fußstufen der Gebirge noch zu Beginn der Kolonialzeit Sommerweidegebiete nomadischer Stämme aus den Steppenregionen. Zusätzlich überlagern bis in die Gegenwart hinein Formen der Transhumanz die verschiedenen ackerbaulichen Bodennutzungssysteme. Andererseits erreichte die unmittelbare Überformung dieses Siedlungsraumes während der Kolonialzeit nur geringe Wirksamkeit. Indirekt führte sie lediglich infolge der Zuwanderung der im Zuge der Europäisierung aus den großen Getreideebenen verdrängten tunesischen Fellah-Bevölkerung zu einer Steigerung von Bevölkerungs- und Siedlungsdichte.

2.2 Hohe Bevölkerungsdichte

Im Vergleich zu den südlicheren Regionen herrscht — mit regionalen Unterschieden — eine hohe Bevölkerungsdichte, die, wie die Karte Bevölkerungsgeographie (s. AFRIKA-KARTENWERK, Blatt N 8) zeigt, weitgehend aus ländlich-agrarischer Siedlungssubstanz resultiert. Der Anteil der städtischen Bevölkerung ist gering. Städtische Siedlungen konzentrieren sich auf die urbanen Verdichtungsräume Annaba, Skikda, Bizerte sowie auf kleinere, meist kolonialzeitlich entwickelte Küstenstädte, z. B. El Kala und Tabarka und einige sonstige zentrale Orte, die seit der staatlichen Unabhängigkeit eine starke Bevölkerungszunahme und teilweise auch eine nicht unbedeutende gewerbliche Entwicklung verzeichnen.

2.3 Rodungsvorgänge

Die mediterran-humiden bis vollhumiden Gebirgs- und Berglandschaften der Kroumirie, der Mogods und der Kleinen Kabylei (vom westlichen Kartenrand bei El Milia geschnitten) sind von Korkeichen- und Zenneichenwäldern mit dichtem Unterwuchs bedeckt. Der flächenhaften Erschließung dieses Vegetationsbestandes über inselhafte R o d u n g s v o r - g ä n g e und weilerartige Siedlungszellen (mechta) verdankt das Siedlungsgefüge dieses Raumes seine Grundstruktur: kleine Gruppen von 10—15 agrarischen Gehöften mit traditionell wirtschaftenden, bäuerlichen Mittel- und Kleinbetrieben. Viehweide in Wäldern und Macchien, agrarischer Anbau auf dorfnah gelegenen Rodungsflächen bestimmen das Bodennutzungssystem (ACHENBACH 1971, S. 62—73). In der Karte wird dieser Siedlungstyp von den *Signaturen S 7* und *S 8* erfaßt, die die zentralen und die randlichen Teile des Gebirges voneinander trennen. *Figur 1* zeigt ein Dorfbeispiel aus dem Bergland SW von Collo und läßt die blockartige Gliederung der Flur erkennen. Mit *Figur 2* wird der vorherrschende Gehöft-Typ in traditioneller Bauweise belegt. Die *Figuren 3 und 4* geben die iso-

Figur 1 Gruppensiedlung im Bergland südwestlich von C o l l o (Kleine Kabylei) mit blockartiger Flurgliederung (entspricht Legendenposition *S 8*). März 1969.

Figur 2   Gehöft in traditioneller Bauweise im Bergland von Collo. Landwirtschaftlicher Kleinbetrieb mit geringfügiger, ergänzender handwerklicher Produktion (entspricht Legendenposition *S 8*). März 1969.

Figur 3   Vom Dorfkern isolierte Rodungsinsel mit landwirtschaftlich genutzten Parzellen (Kartoffeln, Bohnen) im Bergland südwestlich von Collo (Kleine Kabylei). März 1969.

Figur 4   Eingehegte Getreidefläche auf einer Rodungsinsel innerhalb von Korkeichenbeständen, abseits eines Dorfkerns im Bergland südwestlich von C o l l o (Kleine Kabylei). März 1969.

liert und abseits von Dorfkernen angelegten, meist eingezäunten Rodungsflächen mit akkerbaulich genutzten Parzellen wieder. Dieser Siedlungs- und Agrarlandschaftstyp entspricht den *Signaturen A 1* der Karte Agrargeographie und *S 8* der Karte Siedlungsgeographie (s. AFRIKA-KARTENWERK, Blatt N 11 und N 9).

2.4 Abhängigkeit von Bodennutzungssystemen

Diese Siedlungsstruktur, im wesentlichen bereits in vorkolonialer Zeit entwickelt, muß aus den vorherrschenden Bodennutzungsmöglichkeiten erklärt werden. Sie wird in großem Umfang von einer engen Anpassung an die geoökologischen Gegebenheiten bestimmt. Waldweide (Ziege, Schafe, Rinder) und Kleinfeldwirtschaft (mit Grundformen eines Wald-Feld-Wechsels) waren für die ursprünglich rein berberische, in Stammesfraktionen gegliederte Bevölkerung Grundlage einer überwiegend subsistenten, d. h. marktlosen Wirtschaft. Variationsreiche Formen von Transhumanz erlaubten zusätzlich die Erschließung höher gelegener Bergwaldweiden. Die relativ geringe Tragfähigkeit der physischen Rahmenbedingungen und die fehlende Integration in urbane Marktsysteme hatten eine relativ flächenhaft-gleichmäßige Anlage des Siedlungsnetzes zur Folge.

2.5 Siedlungspolitik der Kolonialzeit

Die hohe Bevölkerungs- und Siedlungsdichte im Gebirgsraum des feuchten Tell und seiner Randbereiche ist jedoch weiterhin auf wirtschaftspolitische Maßnahmen seit Be-

Figur 5   Ehemalige Regroupement-Siedlung „El Kerkera" südöstlich von Collo im Tal des Oued Guebili, entstanden ab 1958. März 1969.

Figur 6   Ehemalige Regroupement-Siedlung im Bergland westlich von El Milia in Nordost-Algerien. März 1969.

ginn der Protektorats- bzw. Kolonialzeit zurückzuführen. Die großflächige europäische Besiedlung der Medjerdaregion, des Constantinois sowie der weiteren Einzugsbereiche der Küstenstädte (z. B. Annaba, Skikda) hat zu einer Verdrängung der ursprünglich hier lebenden Bevölkerungsgruppen in die für Europäer landwirtschaftlich wenig attraktiven Gebirgsräume geführt. Hieraus resultierte eine fühlbare Verengung der Nahrungsbasis.

Eine weitere Veränderung der Siedlungsstruktur bewirkte im algerischen Teil des Blattgebietes die Regroupementspolitik der französischen Militär-Administration ab 1955. Man versuchte die in Streulage lebende Gebirgsbevölkerung in großen Camps zu konzentrieren, um die Befreiungsarmee zu schwächen. Nach Erlangung der nationalen Unabhängigkeit (1962) blieben diese Sondersiedlungen infolge des steigenden natürlichen Bevölkerungszuwachses erhalten, obwohl die Gebirgsbevölkerung meist wieder zurückwanderte. Diese Regroupements (*Fig. 5 und 6*) entwickelten sich nach Ausstattung mit Schulen, medizinischen und administrativen Einrichtungen und sonstigen Versorgungsmedien zu meist leistungsfähigen Zentralen Orten (vgl. CORNATON 1967; FRÉMONT 1961; SUTTON 1981 a). Nachhaltige Wandlungen der Siedlungsstruktur setzten sofort mit Beginn der postkolonialen Siedlungs- und Raumordnungspolitik sowohl in Algerien als auch in Tunesien ein. So entstanden z. T. völlig neue Haus- und Siedlungselemente. Ihre Bevölkerung arbeitete in landwirtschaftlichen Cooperativen oder in gewerblichen Bereichen der kleinen Zentralen Orte. Mit Erfolg wurde in den Gebirgsregionen des tunesischen Tell die Eigeninitiative zu Neubauaktivität durch Bereitstellung von Baumaterial und Plänen gefördert (*Fig. 7 und 8*). Das Netz der nach Erlangung der Unabhängigkeit entstandenen Neusiedlungen, die in der Karte Siedlungsgeographie (s. AFRIKA-KARTENWERK, Blatt N 9)

Figur 7   Neusiedlung am Rande des Zentralen Ortes El Milia in Nordost-Algerien, im ersten Bauabschnitt ab 1967 mit 50 Wohnungseinheiten errichtet. März 1969.

Figur 8   Neubauprogramme und Baumateriallieferungen führten auch in den Streusiedlungsgebieten der Kroumirie (Nordwest-Tunesien) zur Förderung der privaten Bauinitiative der Bewohner traditioneller Behausungen. Das Bild zeigt die Errichtung eines Neubaus nördlich von Ain Draham. April 1976.

als Auswahl mit schwarzen Punktsignaturen verzeichnet sind, hat sich im Verlaufe der beiden letzten Jahrzehnte erheblich verdichtet.

Die jüngeren Veränderungen der Siedlungsstruktur haben am Beispiel der Kleinen Kabylei BENDEJELID, BRULE, FILLON & MESKALDJI (1976) dargestellt.

2.6   Siedlungen im Randbereich der Gebirge

Die Gruppensiedlung wird außerhalb der Waldgebiete von Einzelgehöft- und Streusiedlung ergänzt *(Sign. S 3).* Sie hat sich in pedologisch gut ausgestatteten Randbereichen des Gebirgsraumes flächenhaft entwickelt. Zwar herrschen auch hier traditionelle Betriebsformen vor. Aber die geoökologische Ausgangsbasis und die stärkeren Beziehungen zu kolonialzeitlich intensiviert erschlossenen Agrargebieten der Medjerdaniederung hatte hier eine höhere agrarische Tragfähigkeit und die Übernahme modernerer Anbaumethoden zur Folge. Dieser Siedlungstyp entspricht dem Bodennutzungs-System *Sign. A 14* auf der agrargeographischen Karte von ACHENBACH (1976). Einen Eindruck der siedlungsräumlichen Struktur gibt mit einem Blick auf traditionell bewirtschaftete Getreideanbaugebiete nördlich von Jendouba die *Figur 9.*

In der feuchteren Nordabdachung des Tell zur Mittelmeerküste, insbesondere in den

Figur 9 Einzelgehöftsiedlung nördlich von Jendouba (oberes Medjerda-Tal) in Gebieten mit Getreidebau ohne Brache im noch feuchten Tell. Der Bildausschnitt entspricht den Legendenpositionen *S 3 und A.14.* April 1976.

Figur 10   Feldgraswirtschaft im Nordabfall des Küstentell mit Einzelgehöftsiedlung südlich von
Tabarka (Nordwest-Tunesien). Das Bild ist von der Straße nach Ain Draham aus aufgenommen.
April 1976.

wenigen größeren Tälern trifft man Einzelgehöftsiedlungen mit agrarischer Nutzung auf
Basis von Feldgras-Wechselsystemen an (*vgl. Fig. 10 und 11*). Diese Bodennutzungssysteme sind ebenfalls ertragsintensiver als diejenigen des Gebirgsinneren.

2.7 Siedlungen im Hinterland der Städte

Einzelgehöft- und Streusiedlung entstanden innerhalb des Gebirgsraumes während der
Kolonialzeit im Hinterland der größeren Städte, insbesondere von Bizerte und Annaba
(ACHENBACH 1967 und 1971, S. 135—179). Diesen Siedlungstyp repräsentieren die *Sign.
S 4 und S 2*, die ihrerseits weitgehend der *Sign. A 12* der agrargeographischen Karte entsprechen. Heute wird hier moderner Getreidefruchtwechsel ohne Brache auf Basis von
Mittel- und Kleinbetrieben ausgeübt, teilweise mit Orientierung auf Industriekulturen. Regional und genetisch ist dieser Siedlungsraum ein Übergangsglied zwischen den historisch
fast rein europäisch strukturierten Getreideebenen der unteren Medjerda (*Sign. S 10*) und
den traditionellen, berberischen Siedlungsformen des Gebirges.

2.8 Singuläre Siedlungstypen im Nordosten

Zwei Sondertypen sind schließlich weniger flächenhaft als vielmehr hinsichtlich des von
ihnen in historischer Zeit ausgegangenen Innovationswirkens auf Agrarstruktur, Gewerbe

Figur 11   Ausschnitt aus dem Bild der *Figur 10*. Einzelgehöft am Rand einer Gruppensiedlung; entspricht *S 7 und A.13*. April 1976.

und Siedlung von Bedeutung. Mit der *Sign. 9* wird eine Kulturlandschaftsschicht angesprochen, die z. B. SE von Bizerte zu Beginn des 17. Jh. durch die aus Spanien vertriebenen maurischen „Andalusier" (Moriscos) geschaffen wurde: Große, urban wirkende Dörfer mit Einwohnerzahlen von meist über 10 000. Hier sind bis heute die Verarbeitung agrarer Spezial- und „Industriekulturen" auf Bewässerungsbasis sowie spezialisierte Gewerbe (Wollverarbeitung) erhalten geblieben (*Fig. 12*). Jüngst hat KRESS eine Untersuchung der „andalusischen" Strukturelemente in der kulturgeographischen Genese Tunesiens vorgelegt (1977, S. 237—284).

Einen zweiten Siedlungstyp stellt die Siedlungskarte dort heraus, wo in einer ersten Phase der kolonialen Erschließung des 19. Jh. ältere Siedlungssubstanz durch einwandernde südeuropäische bäuerliche Gruppen (Italiener, Malteser) überformt wurde. Dabei handelt es sich vorwiegend um Streusiedlung (*Sign. S 5*) auf der Halbinsel Cap Bon zwischen Tunis und Nabeul, deren wirtschaftliche Basis Weinbau und mediterrane Bewässerungskulturen sind.

2.9 Geburtenüberschüsse und Abwanderung

Alle Gebirgsregionen zeichnen sich heute in demographischer Sicht durch hohe Geburtenüberschüsse und herausragende Abwanderungsquoten aus (KOELSTRA & TIELEMANN 1977; vgl. AFRIKA-KARTENWERK, Beiheft zur Karte N 8 Bevölkerungsgeographie). Dennoch kann nicht übersehen werden, daß die Verbesserung der Siedlungs-, Verkehrs- u. Versorgungsinfrastruktur sowie die Ausweitung von Erwerbsmöglichkeiten im Agrarsektor und in der Forstwirtschaft die Entwicklungs-Chancen dieses Raumes nachhaltig steigern konnten.

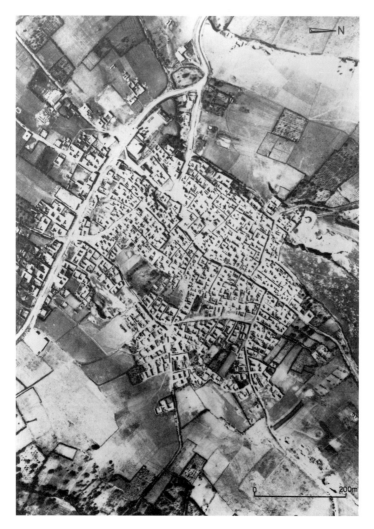

Figur 12   Großdorf El Alia südwestlich von Bizerte, gegründet von im 17. Jahrhundert aus Spanien zugewanderten andalusischen Maurennachkömmlingen (Moriscos). Luftbild 1962. Freigabe durch Le Président Directeur Général de l'Office de la Topographie et de la Cartographie vom 17. 11. 1980. © République Tunisienne.

3 Siedlungsräume mit direkter/indirekter Überformung während der Kolonialzeit

In vorwiegend grün abgetönten Farben (*Sign. S 10—14*) werden in der siedlungsgeographischen Karte solche Regionen zusammengefaßt, die während der Kolonialzeit in Algerien bis 1962 bzw. während der Protektoratszeit in Tunesien bis 1956 eine flächenhaft verbreitete V e r ä n d e r u n g vorhandener oder eine erstmalige N e u a n l a g e von Siedlungsstrukturen verzeichnen. Dabei wird zwischen direkten siedlungspolitischen Maßnahmen (*Sign. S 10*) und solchen mit mehr oder weniger indirekten, also schwächeren Auswirkungen (*Sign. S 11,* südlicher Teil) unterschieden. Insgesamt haben jedoch nach Eintritt in die staatliche Unabhängigkeit in beiden Gebietstypen weitere nachhaltige Veränderungen der Siedlungsstruktur stattgefunden.

3.1 Medjerdaregion

Die tiefstgreifenden Veränderungen (*Sign. S 10*) der Siedlungsstruktur erfuhren seit Beginn der europäischen Kolonisatoren ab etwa 1880 die mittlere und obere M e d j e r d a r e g i o n, das untere Medjerda- sowie das Küstengebiet, die Ebenen zwischen Enfida — den Schichtkamm der Dorsale (Zaghuan) umrahmend — und Fahs, Bou Arada, bis Medjez-el-Bab.

Diese Regionen waren bereits in der römischen Erschließungsperiode[1], wie Katasterunterlagen bezeugen, dicht besiedelt (CHARLES-PICARD 1962). Auch während der folgenden Entwicklungsphasen bildete dieser Raum mit nur wenigen zeitlichen Unterbrechungen ein fast kontinuierlich hoch bewertetes Wirtschaftsgebiet. Schon kurz nach Beginn der Protektoratszeit begann deshalb eine großbetriebliche Okkupation durch europäische Colons. Die Nähe zu den Küstenstädten war dafür ein ebenso starker Anreiz, wie die für Landnutzung günstigen pedologischen und regionalklimatischen Gegebenheiten. Während ein Großteil der autochthonen Fellachenbevölkerung in die peripheren Bergländer ausweichen mußte, erfuhr die Siedlungsstruktur durch Anlage französischer F a r m e n (Einzelgehöfte) mit umgebenden Lehmhüttendörfern für die verbleibenden, als Landarbeiter benötigten Tunesier eine grundlegende Wandlung. *Figur 13* vermittelt am Beispiel der Agrarlandschaft westlich von Bou Arada einen Eindruck dieses Siedlungsraum-Typs: Die in Streulage angeordneten, ehemals europäischen Großbetriebe (300—400 ha), heute Agrar-Cooperative, heben sich von den kleinen tunesischen Gehöften (Gourbis), die meist von Opuntienhecken (früher Notfutter) umgeben sind, deutlich ab (*Fig. 14*). Kolonialzeitlich angelegte Infrastruktur-Elemente (Eisenbahn mit kleiner Station, Straße und Windmühle zum Betrieb von Pumpen und Generatoren) trugen zur Wandlung der wirtschaftsräumlichen Ordnung ebenfalls nachhaltig bei. Ein z w e i t e s Kennzeichen der kolonial-

---

[1] Die römische Kulturlandschaft um das Jahr 300 nach Chr. wird auf Blatt N 15, Historische Geographie des AFRIKA-KARTENWERKES von D. HAFEMANN (1977) dargestellt. Vgl. auch Beiheft zur Karte N 15 (1981).

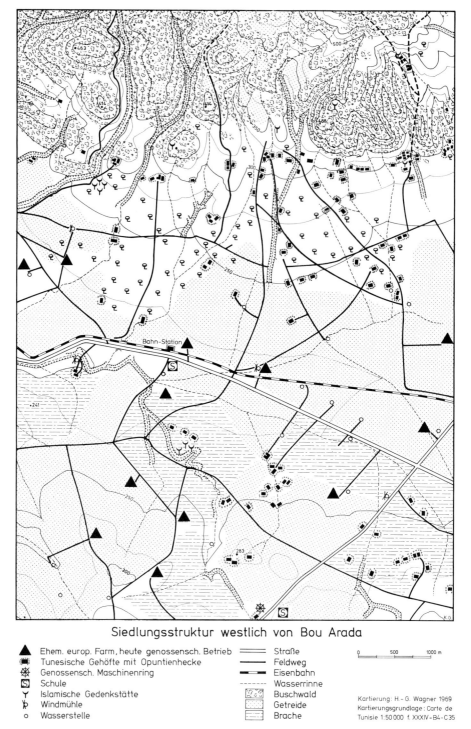

Siedlungsstruktur westlich von Bou Arada

▲ Ehem. europ. Farm, heute genossensch. Betrieb   ═══ Straße
▥ Tunesische Gehöfte mit Opuntienhecke   ──── Feldweg
✳ Genossensch. Maschinenring   ━━━ Eisenbahn
Ⓢ Schule   ------ Wasserrinne
Y Islamische Gedenkstätte   Buschwald
Ⱶ Windmühle   Getreide
○ Wasserstelle   Brache

0   500   1000 m

Kartierung: H.- G. Wagner 1969
Kartierungsgrundlage : Carte de
Tunisie 1:50 000 f. XXXIV-B4-C35

Figur 13   Siedlungsstruktur im ehemals europäischen Farmgebiet (Kartenausschnitt 2 km westlich Bou Arada), 90 km südwestlich von Tunis zwischen El Fahs und Teboursouk.

Figur 14 Lehmhüttengehöft (Gourbi) westlich von Bou Arada (zwischen El Fahs und Tebour-souk) in der Nähe einer ehemals europäischen Farm, die in eine landwirtschaftliche Cooperative um-gewandelt wurde. Die Opuntienpflanzungen dienten früher häufig, heute nur in extremen Trocken-jahren der Gewinnung von Ergänzungsfutter (vgl. *Fig. 13*). April 1976.

Figur 15 Ghardimaou. Zentraler Ort mit Grenzübergangsfunktion im oberen Medjerdatal, ent-standen aus einer Station an der Eisenbahnstrecke Tunis—Souk Ahras (Ost-Algerien). März 1969.

Zentraler Ort: **Qued Meliz** (oberes Medjerdatal, N-Tunesien)

Unterste Ausstattungsstufe, planmäßig ausgebaut ab 1962

Kartierung April 1969

☐ Öffentl. Gebäude	☐ Lebensmittelladen	T Tankstelle	⊞ 4 Wohneinheiten (logements populaires)
⬚ Öffentl. Anlagen, Park	◆ Café	○ Handwerk	
▨ Landwirtsch. Betrieb	▲ Friseur	● Kfz.-Reparatur	☐ Einfache Wohngebäude
	■ Textilladen	⊠ Lagerschuppen	
	⬚ Hausrat		

Entwurf: H.-G. Wagner

Figur 16   Zentraler Ort O u e d   M e l i z im oberen Medjerdatal östlich von Ghardimaou, entstanden durch planmäßigen Ausbau einer kolonialzeitlichen Bahnstation ab 1962, durch Verwaltungs- und Versorgungseinrichtungen sowie Wohnquartiere, die seit der Kartierung eine bedeutende Erweiterung erfahren haben (vgl. Wagner 1972).

zeitlichen Überformung der Agrarlandschaft ist in der Anlage von G r o ß b l o c k f l u r e n mit mechanisiertem Getreidebau (*Sign. A 16*) und Weinbau (*Sign. A 30 a*) zu sehen. Bis zu 60 % der landwirtschaftlichen Nutzfläche wurden während der Kolonialzeit diesen neuen Formen der Agrarkolonisation als Farmland zugeführt (Achenbach 1971, S. 8). Einen informativen Einblick in die siedlungsräumliche Umgestaltung dieses Regionstyps (*Sign. S 10*) gibt die bei Mensching (1979, S. 101) veröffentlichte Karte zum Anteil des Colonbesitzes in der späten Protektoratszeit im nördlichen Tunesien.

Als d r i t t e s strukturveränderndes Element sind die Siedlungs z e n t r e n zu erwähnen, deren zentrale Funktionen durch die koloniale Erschließung der Agrarlandschaft erweitert wurden. Hierbei handelt es sich oft um alte arabische Ortskerne mit traditionellen Wochenmärkten (z. B. Souk el Arba), um Neuentwicklungen aus Anlaß der Errichtung von

Figur 17   Neu errichtete Markt- und Handwerkergebäude in O u e d   M e l i z   zur stationären Aufnahme zentralörtlicher Funktionen. April 1976.

Bahnstationen (z. B. Ghardimaou, *Fig. 15*) oder von Getreide-Vermarktungsgenossenschaften (Pont du Fahs, Bou Arada).

Die j ü n g s t e n Veränderungen des Siedlungsgefüges in dem durch *Sign. S 10* gekennzeichneten Gebiet lassen sich folgendermaßen skizzieren. Entsprechend der starken natürlichen B e v ö l k e r u n g s z u n a h m e und infolge der Zuwanderung aus den Gebirgsregionen des Küsten-Tell und des Hohen Tell wurden alle Siedlungskerne durch neue W o h n q u a r t i e r e erweitert. Zahlreiche N e u s i e d l u n g e n entstanden zusätzlich ohne Bindung an alte Kerne. Versorgungs-, Verwaltungs- und Schulwesen führten zur Weiterentwicklung kolonialzeitlich angelegter Verkehrs-Knotenpunkte zu Zentralen Orten. Ein anschauliches Beispiel für diese Entwicklung bietet Oued Meliz im oberen Medjerda-Gebiet (*Fig. 16*). Hier zeigt sich, daß steigende Kaufkraft und erhöhte Konsumnachfrage den ursprünglich nur einmal pro Woche abgehaltenen Markt zu einer Dauereinrichtung werden ließen. Im Zuge dieser Entwicklung nahm der Anteil der Stadtbewohner an der Gesamtbevölkerung stark zu (vgl. Beiheft zur Karte N 8 Bevölkerungsgeographie, s. AFRIKA-KARTENWERK, Beiheft N 8, Kap. 5.2.2). Der Zuwanderung steht auch eine Abwanderung gegenüber, zu der sich vorwiegend Erwerbspersonen, die bereits über einen gewissen Ausbildungsstand verfügen, entschließen (PICOUET 1971 a; SIGNOLES 1972). Die Bevölkerungszählung von 1975 weist erstmals „vorübergehend ortsabwesende" Bevölkerung aus. Damit ist ein aktueller Hinweis auf die gerade in diesen Gebieten alter Seßhaftigkeit sich vollziehende Wanderungsdynamik gegeben. Eine umfangreiche Analyse des Wirtschaftsraumes der mittleren Medjerda hat im Rahmen einer These KASSAB vorgelegt (1975).

3.2 Hoher Tell

Eine vergleichsweise etwas geringere Überformung der traditionellen Siedlungsstruktur erfuhren die Hochflächenlandschaften des Hohen Tell und des südlich anschließenden Übergangsbereiches zu den Hochsteppen Tunesiens und Ostalgeriens (*Sign. S 11*). Hingegen setzte sich im Constantinois (*Sign. S 13*) das agrarische Großeigentum mit der typisch dualistischen Struktur agrarischer Großbetrieb (Farm) neben Gourbidorf nachhaltig durch.

Im Gegensatz zu den bisher analysierten Regionen mit relativ starker naturräumlicher Differenzierung, zeichnen sich die Hochflächenlandschaften des Hohen Tell durch reliefmäßig größere Einheitlichkeit aus, die im Nord-Süd-Profil sogar noch zunimmt. Dominante Kontinentalität, winterkaltes bis winterkühles Regime im Klimajahresgang bei 5—7 humiden Monaten bestimmen den physisch-geographischen Habitus dieses Raumes, der von 500 m üNN im NW (Le Kef) auf rund 1000 m üNN im Süden und Westen (Constantinois) ansteigt.

Bevölkerungsverteilung und Siedlungsweise wurden vor Beginn der Kolonialzeit von nomadischen bis halbnomadischen Wirtschaftsformen bestimmt. Bis gegen die Jahrhundertwende fanden regelmäßig-saisonale Herdenwanderungen zwischen den Hochflächenregionen, den Zentralen Steppengebieten und den Wüstensteppen im Süden statt. Rund 90 % der ländlichen Siedlungssubstanz bestand um 1900 noch aus Zelten (Wohnstättenzählung 1906). Von Norden her wurden diese Weidegebiete schrittweise in Getreideland umgewandelt. Französische Farmer erschlossen sich zunächst um Le Kef, Ebba-Ksour, Souk-Ahras und besonders im Constantinois ausgedehnte Anbauflächen. In Tunesien war allerdings auch einheimischer Mittel- und Großbesitz an dieser Agrarkolonisation beteiligt, die im wesentlichen einen flächenhaften Getreidebau mit Einschaltung von Brache zum Ziel hatte (Trockenfeldbau). Der Anteil der europäischen Farmen erreichte im Norden der Hochflächenlandschaften rasch eine beträchtliche Dichte; in den südlichen Bereichen trat das europäische Siedlungselement jedoch auch später bei weitem nicht so stark in den Vordergrund, hier überwog einheimischer Mittel- und Kleinbesitz mit Streu- und Weilersiedlung.

Obwohl die naturräumlichen Rahmenbedingungen der Hochflächenlandschaften des Hohen Tell relativ homogen sind, erweist sich die siedlungs- und bevölkerungsgeographische Struktur im tunesischen und ostalgerischen Teilbereich als durchaus unterschiedlich. Sowohl der Entwicklungsgang, als auch die resultierenden Siedlungsstrukturen lassen eine deutliche Eigenständigkeit erkennen, die bereits der Bevölkerungsverteilung auf der Karte N 8 zu entnehmen ist: Einer relativen Gleichverteilung in Tunesien steht eine mehr lineare Anordnung in Ostalgerien gegenüber. Den unterschiedlichen Erschließungsmaßnahmen folgte jedoch sehr einheitlich die kontinuierliche Verstärkung des anthropogenen Eingriffes „in einen ursprünglich besser ausgewogenen Landschaftshaushalt" (ACHENBACH 1971, S. 65).

Im tunesischen Teil des Hohen Tell konzentrierte sich (vgl. MONCHICOURT 1913) die europäische Erschließung zunächst auf die leichter mit Maschinen zu bewirtschaftenden Ebenen (z. B. Siliana, Gafour). Mit der Verbesserung der verkehrsräumlichen Erschließung (Bahnbau zu den Minen, z. B. Kalaa Djerda) trat dann eine Ausdehnung ein. Partiell entwickelte sich hier ein dichtes Netz von europäisch geführten Farmen, in de-

Figur 18 Agrarlandschaft nördlich von Thala (Gouvernorat Kasserine). Streu- und Einzelgehöftsiedlung mit mittleren Betrieben, meist Lehmhütten, die von Opuntienhecken umgeben sind. April 1976.

Figur 19 Khroub. Kolonialzeitlich angelegte, ursprünglich rein europäisch gestaltete Landstadt mit regelmäßigem Straßennetz und zentralörtlichen Funktionen, heute Zentrum der südlichen Verstädterungsflanke von Constantine. März 1969.

ren Nähe Lehmhüttensiedlungen für die wenigen ständig benötigten Arbeitskräfte der meist mechanisiert und arbeitsextensiv bewirtschafteten Betriebe entstanden. An diesem Erschließungsvorgang waren auch tunesische Eigentümer beteiligt, sogar nichtagrarische Sozialgruppen, die im Landerwerb und in der Getreideproduktion eine rentable Kapitalanlage erblickten (ACHENBACH 1971, S. 68). Abseits dieser Siedlungskomplexe wurden ehemals halbnomadische Gruppen fest ansässig, die sich auf kleinen Flächen gleichfalls dem Getreidebau zuwandten, ihre Zelte mehr und mehr durch Lehmgourbis ersetzten und hinsichtlich der Viehhaltung zu transhumanten Formen übergingen. Dieser zweite Siedlungstyp (*Fig. 18*) ist noch heute von dichten Opuntienhecken umgeben, die in Trockenjahren Notfutter lieferten. Die ursprünglich regelmäßige saisonale Zusatzbeschäftigung auf den großen europäischen und einheimischen Farmen entfiel mit deren zunehmender Mechanisierung. Diese Entwicklung wurde seit Beginn der Unabhängigkeit sowie seit der 1963 zugunsten von Cooperativen erfolgten Enteignung des europäischen Bodeneigentums nicht rückgängig gemacht. Damit verloren zahlreiche landwirtschaftliche Kleinbetriebe in verstärktem Maß einen wichtigen Teil ihrer Existenzgrundlage. Die Abwanderung in die Gouvernoratshauptorte und darüber hinaus in die Großregion Tunis verstärkte sich deshalb seit 1956 beträchtlich (MAKLOUF 1968).

Generell entwickelte sich der zweite Siedlungstyp im Laufe der vergangenen etwa einhundert Jahre so flächenhaft, daß ihm in der Bevölkerungskarte ein relativ gleichmäßiges Punktraster entspricht. Da das Ackerland seit 1900 auf ca. das Fünffache ausgedehnt worden ist, konnte sich auch angesichts des Trockenheitsrisikos auf der Basis des vorherrschenden Getreidebaus im Umkreis von Thala, Ebba Ksour, Maktar und Siliana mit Dichtewerten der ländlich-agrarischen Bevölkerung von 40—70 Ew/qkm im Vergleich zu Tunesien insgesamt eine beachtliche etwa mittlere Konzentrationsstufe herausbilden. Als dritter Siedlungstyp entstanden mit den oben genannten Orten regionale bis lokale Versorgungszentren (z. T. Gouvernoratshauptorte), an deren Peripherie seit 1956 einfache Neusiedlungen und Gourbiquartiere angelegt wurden (El Kef, Béja, Thala, Maktar).

Trotz dieses Suburbanisierungsprozesses lebt heute (1975) in diesen Kommunen nur rund ein Fünftel der Gesamtbevölkerung des Gouvernorates Le Kef. Offensichtlich hat die kolonialzeitlich herausgebildete Zentralität dieser Städte Einbußen erlitten.

Im algerischen Teilbereich der Tell-Hochflächen setzte die Ablösung des halbnomadisch-vollnomadischen Wirtschafts- und Siedlungssystems ab 1871 ein, nachdem zuvor einige schweizerische und algerische Kapitalgesellschaften nur örtliche Kolonisationserfolge bei Sétif und östlich von Constantine errungen hatten. Nach Beendigung des deutsch-französischen Krieges wurden für die aus dem Elsaß vertriebenen Bauern in Ostalgerien staatlicherseits Plansiedlungen errichtet, in deren Gemarkungen landwirtschaftliche Betriebe mittlerer Größenordnung ausgewiesen wurden. Diese Landstädte mit regelmäßigem Straßennetz im Ortskern bilden teilweise noch heute Mittelpunkte zentraler Bereiche mit lokaler und regionaler Reichweite (*Fig. 19*). Seit Erlangung der staatlichen Unabhängigkeit (1962) wirkten diese Zentren zunehmend als Wanderungsziel im Zuge der Land-Stadt-Migration, so daß sich der Anteil der kommunalen Bevölkerung vervielfachen konnte und heute (ohne Constantine) einen Umfang von 40 % erreicht haben dürfte (1975). Regionale Wanderungen und Suburbanisationsprozesse richten sich nicht nur auf die übergeordneten hierarchischen Zentren (Constantine, Annaba, Skikda), son-

Figur 20 Ehemals europäische Farm mittlerer Betriebsgröße nördlich von Constantine, heute Bestandteil eines genossenschaftlichen Unternehmens. März 1969.

Figur 21 Neusiedlung nördlich von Constantine im Übergangsbereich zum Hohen Tell. März 1969.

dern orientieren sich vor allem an den ehemals rein europäisch geprägten Landstädten, deren Strukturwandel an verschiedenen Beispielen aufgezeigt werden konnte (WAGNER 1971; MESKALDJI & EL-HADEUF 1979).

Ein zweites siedlungsstrukturelles Grundelement, nach dessen Lokalisation sich die Verteilung der ländlich-agrarischen Bevölkerung ausrichtete, begann ab 1880 Bedeutung zu gewinnen, als die nur bedingt auf Dauer erfolgreiche staatliche Ansiedlungspolitik von privaten Kolonisationsinitiativen französischer Colons und algerischer Agrarunternehmer ergänzt und erweitert wurde (ACHENBACH 1971, S. 191). So entstand als Grundtyp auch hier die Einzelfarm in Streulage, jeweils unmittelbar umgeben von Eigentums- und Pachtflächen, sowie kleineren und größeren Lehmhüttensiedlungen (*Fig. 20*). Dieser Siedlungstyp dehnte sich dann schrittweise bis zum Beginn der Zweiten Weltkrieges nach Süden in die Gebiete von Ain M'lila und Ain-Beida aus (vgl. FRÉMONT 1962). Basierend auf einem hochmechanisierten Trockenfarm-System, also mit nur geringem Bedarf an manueller Arbeitskraft, folgte diesen Vorstößen in großräumlicher Sicht zunächst jedoch nur eine geringfügige Erhöhung der Bevölkerungsdichte.

Einen dritten Siedlungstyp bewirkte in den durch europäische und algerische Großbetriebe nicht erschlossenen Gebieten die kontinuierliche Seßhaftwerdung voll- und halbnomadischer Gruppen. Dieser Vorgang, basierend auf kleinbetrieblichem Getreidebau mit Schaf- und Rinderhaltung, führte schließlich zu einer nachhaltigen Erhöhung der Bevölkerungsdichte. In gezielter Standortwahl (Wadis und deren Feuchtökotope mit Weideflächen) entstanden lineare Konzentrationen von Siedlungsgruppen (Weiler, kleine Dörfer, Lehmhüttensiedlungen), die auch im Verteilungsgefüge der absoluten Darstellung der Karte N 8 Bevölkerungsgeographie (s. AFRIKA-KARTENWERK) erkennbar sind (Punktsignaturen).

An diesem Bild der Bevölkerungsverteilung hat die nach 1962 durchgeführte Kollektivierung sowie die Errichtung von Genossenschaftsbetrieben keine grundsätzliche Veränderung bewirkt. Zweifellos stieg die mittlere Bevölkerungsdichte, die Bevölkerung der kleinen Zentralen Orte und Landstädte nahm infolge Zuwanderung und hoher Geburtenüberschüsse zu, und das Siedlungsgefüge wurde durch Neusiedlungen (*Fig. 21*), (Reihen- und Kettenhäuser mit schematisch-einheitlichem Grundriß) um ein neues Element bereichert. Hinsichtlich des Verteilungsmusters der Bevölkerung lassen sich jedoch seit der Hochphase der Kolonialzeit keine prinzipiell neuen Trends erkennen, wenn man in der zunehmenden suburbanen Erweiterung peripherer städtischer Wohnquartiere nur einen graduellen Unterschied sieht.

3.3 Gebirgsregionen der Dorsale und des Aurès

Die im folgenden behandelten Siedlungsräume entsprechen den bevölkerungsgeographischen Teilräumen, die im Beiheft zur Karte N 8 Bevölkerungsgeographie in den *Kapiteln 5.2.6 und 5.2.7* beschrieben werden (s. AFRIKA-KARTENWERK, Beiheft N 8). Mit der *Sign. S 15* werden siedlungsarme Höhenregionen der Dorsale, des Hohen Tell und des Aurès erfaßt. Wie die Bevölkerungskarte zeigt, konzentrieren sich die Wohnplätze auf den Übergangsbereich zwischen Höhenstufen und Fußflächen, die sich vom Gebirgskern ins Vorland erstrecken. Hier erreicht die Besiedlung stellenweise sogar größere Dichte-

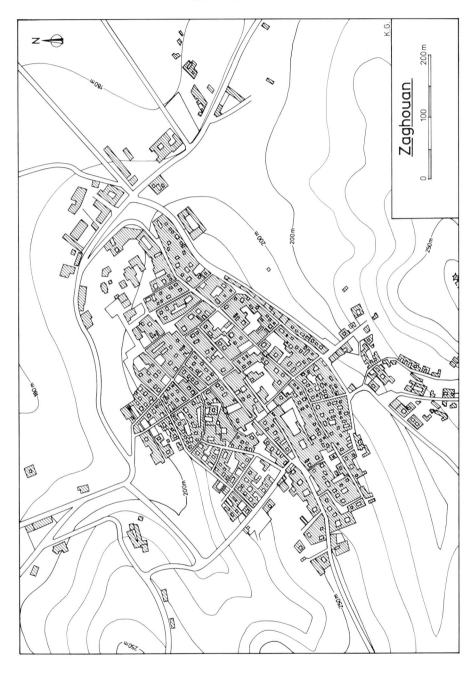

Figur 22 Z a g h o u a n. Beispiel einer kolonialzeitlich wenig überformten arabischen Landstadt, 70 km südlich von Tunis am Nord-hang des Dj. Zaghouan (1975: 7000 Ew.).

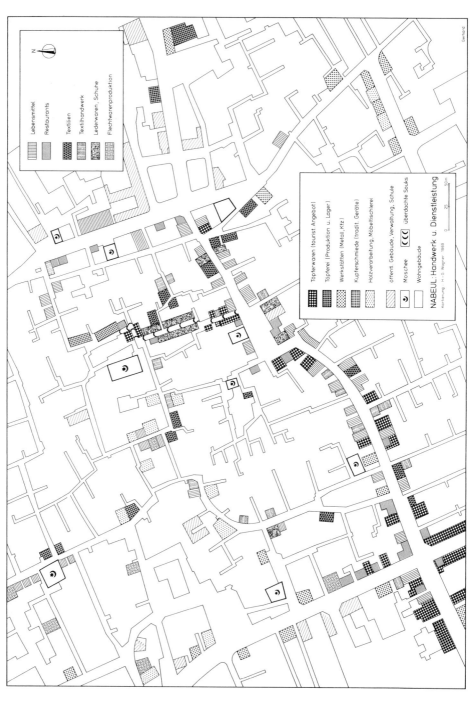

Fig. 22. Zentrum von Nabeul. Standortdifferenzierung von Dienstleistung und Handwerk.

werte, so daß der Terminus „Schwarmsiedlung" Anwendung finden kann (*Sign. S 14*).
Jüngerer Siedlungsausbau vollzog sich in einer ähnlichen Situation am Djebel Mrhila NE
von Kasserine. In diesem Bereich hat man erfolgreich versucht, außerhalb optimal geeig-
neter Getreideanbaugebiete Fruchtbaumkulturen anzulegen, um zu einer Steigerung der
agrarischen Tragfähigkeit zu gelangen. Damit werden heute erneut solche Gebiete als
Siedlungsräume erschlossen, die bereits während der römischen Kulturlandschaftsentwicklung für Getreidebau und Olivenkulturen genutzt wurden. Auf Luftbildern sind die
römischen Flursysteme noch gut erkennbar.

In der Höhenregion der Dorsale treten punktuell einzelne ethnisch bedingte
Restformen von Siedlungen berberischer Gruppen auf. Hierzu gehören die in Akropolis-
lage errichteten Berber-Bergstädte Takrouna und Zriba östlich von Zaghouan und Kesra
östlich von Maktar.

Siedlungen mit städtischen Funktionen fehlen im Gebirgsbereich der Dorsale. Lediglich
Zaghouan ist zu erwähnen (*Fig. 22*). Etwa 70 km südlich von Tunis gelegen, war seine
antike Vorgängerin Ziqua Ausgangspunkt eines Aquäduktes, der Karthago und Tunis mit
Wasser versorgte. Mit wenigen Verwaltungs- und Versorgungsfunktionen versehen, gibt
Zaghouan eine relativ gute Vorstellung von der Situation kleiner arabischer Land-Städte
vor der Erweiterung durch kolonialzeitliche Bausubstanz.

Außerhalb des Gebirgsbereiches gelegen, verkörpern die Küstensiedlungen auf der
Halbinsel Cap Bon einen Typ mit sowohl ländlichen als auch städtischen Funktionen.
Bei Nabeul überwiegen auf Grund seiner administrativen und seiner Marktfunktionen
mit großer Reichweite die urbanen Aufgaben. Die Karte der *Figur 23* vermittelt einen Eindruck von der räumlichen Konzentration der Produktions- und Dienstleistungsstandorte
im Stadtgebiet von Nabeul um 1970.

Im Aurès verfügen berberophone Bevölkerungsgruppen noch über größere ge-
schlossene Lebensräume. Sowohl hinsichtlich der Siedlungsweise als auch der agrarischen
Nutzung konnten hier die Chaouia ihre eigenständige Entwicklung bewahren. Arabischen
Gruppen gelang es lediglich, in die schmalen Täler des südlichen Aurès einzudringen.

Während der Kolonialzeit waren die Einflüsse der europäischen Landnahme auf die
nördliche Gebirgsumrahmung des Aurès und einige wenige intramontane Becken begrenzt
geblieben. Wie die letzte (bislang verfügbare räumlich differenzierte) Bevölkerungszählung von 1977 zeigt, ist die ethnische Sonderstellung auch gegenwärtig erkennbar. Zu
ca. 90—95 % wird die Bevölkerung der Aurès-Daïrate Arris und Khenchela als berbero-
phon ausgewiesen. ACHENBACH hat die wirtschafts- und siedlungsgeographische Gesamtsituation (1971, S. 209—234; 1973) detailliert dargelegt.

Die *Figuren 24—27* veranschaulichen einen der vier im Aurès anzutreffenden ländlich-
agrarischen Siedlungstypen. Es handelt sich dabei um Flußoasen-Dörfer, die in Ab-
wehrlage auf schmalen Terrassen und Spornen oberhalb der Talsohlen angelegt sind. In
den Kastentälern breiten sich bewässerte Dattelpalmbestände aus. Die Siedlungen beste-
hen aus Flachdachgebäuden (Impluvium), die entsprechend der Materialzufuhr in der Regel aus groben Flußschottern errichtet wurden.

Weitere Siedlungstypen werden durch die Wirtschaftsform der Sommertranshumanz geprägt. Wohngebäude scharen sich dicht um Getreidespeicher, Moschee, Friedhof
(ACHENBACH 1971, S. 227). Ein dritter Siedlungstyp entstand im Aurès im Gefolge der

Figur 24   Dorf R o u f i im Abiod-Tal, südlicher Teil des A u r è s. Erkennbar ist die Spornlage oberhalb des Talbodens mit bewässerten Dattelpalmkulturen. Februar 1969.

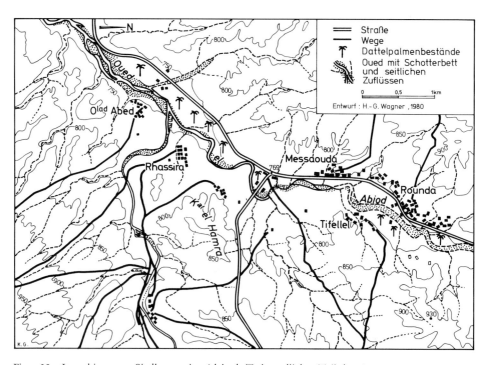

Figur 25   Lageskizze von Siedlungen im A b i o d - T a l , südlicher Teil des A u r è s.

Figur 26   Ausschnitt aus dem Bild der *Figur 24* zur näheren Einsicht in Haus- und Gehöft-Typen des südlichen A u r è s (Dorf Roufi im Abiod-Tal). Februar 1969.

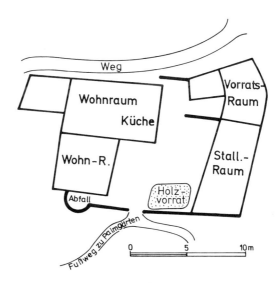

Figur 27   Gehöftskizze als Ausschnitt des Bildes von *Figur 26* (Dorf Roufi im Abiod-Tal).

Figur 28   Neusiedlung M e d i n a südlich von T o u f f a n a im nördlichen Teil des A u r è s. Die Regelmäßigkeit der Anlage geht auf die Zwangsmaßnahmen der französischen Militärbehörden bei der Umsiedlung von Gebirgsbewohnern während des algerischen Befreiungskrieges zurück (Regroupementspolitik). Februar 1969.

Figur 29   Blick auf eine Neusiedlung im Bereich des Douars Y a b o u s südlich von T o u f f a n a im nördlichen Teil des A u r è s. Vgl. Lageskizze in der Karte *Figur 30*. Februar 1969.

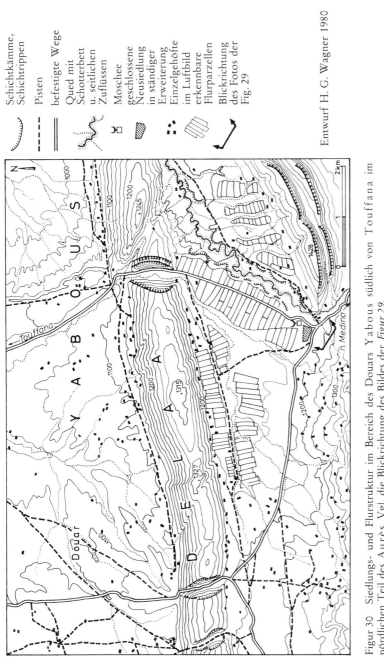

Schichtkämme, Schichtrippen

Pisten

befestigte Wege

Qued mit Schotterbett u. seitlichen Zuflüssen

Moschee

geschlossene Neusiedlung in ständiger Erweiterung

Einzelgehöfte

im Luftbild erkennbare Flurparzellen

Blickrichtung des Fotos der Fig. 29

Entwurf H. G. Wagner 1980

Figur 30 Siedlungs- und Flurstruktur im Bereich des Douars Y a b o u s südlich von T o u f f a n a im nördlichen Teil des A u r è s. Vgl. die Blickrichtung des Bildes der *Figur 29*.

Figur 31   Saisonal genutztes Gehöft als Siedlungselement der Sommertranshumanz am Südhang des
Dj. Chelia (Aurès) in 1200 m ü. d. M. Februar 1969.

Zwangskonzentration der Bevölkerung aus den Gebirgssiedlungen in Regroupements,
die während des Befreiungskrieges von der französischen Militärverwaltung errichtet wurden (*Fig. 28*). Ein großer Teil dieser Siedlungen ist auch hier nach Erlangung der staatlichen Unabhängigkeit Algeriens erhalten geblieben und hat neben den wenigen größeren
stadtähnlichen Siedlungen (z. B. Arris) zentralörtliche Versorgungsaufgaben übernom-
men.

Im Anschluß an solche Regroupements entstanden nach Erlangung der staatlichen Unabhängigkeit Algeriens (1962) zahlreiche Neusiedlungen, die sich im Laufe der Jahre und
im Zuge der geförderten Seßhaftmachung noch nomadischer Gruppen im Randbereich
des Aurès zu umfangreichen Dörfern mit einfachen Versorgnungsfunktionen entwickelten. Als Beispiel sei die Ortschaft Yabous, südlich von Touffana (Karte 1:50 000, Blatt
202 B 10 C 27) erwähnt. Die kontinuierliche Zunahme der Seßhaftigkeit hatte auch die
Genese einer dichter werdenden, unregelmäßigen Block- und Streifenflur zur Folge (*Fig.
29 und 30*).

Der vierte Typ ländlicher Siedlungen im Gebirgsbereich des Aurès ist in den höheren
Höhenstufen anzutreffen. Es handelt sich hierbei um jeweils ein oder mehrere Gehöfte,
die nur saisonal während der sommerlichen Hochweidewirtschaft genutzt werden
(*Fig. 31*).

4   Siedlungsräume im Sahel von Sousse und Sfax

Siedlungsgeographisch unterscheiden sich beide Sahel-Landschaften in vielfältiger Weise. Die naturgeographischen Grundlagen der agrarischen Inwertsetzung lassen im weiteren Umland von Sfax wesentlich weniger Spielraum als im Sahel von Sousse. Der Sahel von Sfax ist mit Niederschlagsmengen um 200 mm im langjährigen Mittel und mit einer mittleren Abweichung von 50 % (MENSCHING 1979, S. 169) durch aridere geo-ökologische Ausgangsbedingungen der siedlungsräumlichen Erschließung gekennzeichnet (ACHENBACH 1971, S. 92—105). Unterschiede machen sich auch in kulturlandschaftsgenetischer Sicht bemerkbar. Zwar stand die Region um Sfax während der römischen und früharabischen Entwicklungsphase als Wirtschaftsraum im Zentrum eines großen Einzugsgebietes. Aber infolge des Einfalls kriegerischer Nomaden im 11. Jh. sanken ökonomischer Standard und Bevölkerungszahl rasch ab. Erst seit der Mitte des vorigen Jahrhunderts setzte ein erneuter, langsamer Aufschwung des Sahel von Sfax in ökonomischer Sicht ein. Um 1880 lebten in der Stadt Sfax wieder ca. 25 000 Einwohner. Im Gegensatz dazu erwuchs die Kulturlandschaft des Sahel von Sousse wenigstens in ihrem engeren Bereich aus einer fast ununterbrochenen wirtschaftsräumlichen Tradition seit karthagischer und römischer Zeit. So konnten die Nomadeneingriffe des 11. Jahrhunderts und folgender Perioden hier nur vorübergehend die eigenständige Entwicklung des tunesischen Boden-Kleineigentums („melk") beeinträchtigen. Auch die Herausforderungen während der frühen und klassischen Kolonialzeit verursachten keine grundsätzlich neuen Strukturen.

Wenn hier trotz aller Unterschiede dennoch beide Sahel-Landschaften in ein Kapitel zusammengefaßt und gewissermaßen einander gegenübergestellt werden, so deshalb, weil die demographische und siedlungsgeographische Entwicklung heute in beiden Fällen von zwei sehr dynamischen Stadtregionen gesteuert wird, deren zentral-peripherer Einfluß im Siedlungsgefüge in vielfältiger Weise erkennbar ist.

4.1   Sahel von Sousse

Aufschlußreich ist der Vergleich der beiden Sahelgebiete mit anderen Siedlungsräumen Tunesiens in bevölkerungsgeographischer Sicht. Während der Sahel von Sfax demographisch sowohl absolut, als auch relativ wächst, erleidet der Sahel von Sousse gegenwärtig eine relative Bedeutungsabnahme. Noch um 1900 (GANIAGE 1966, S. 857) lebte etwa ein Viertel der Bevölkerung Tunesiens im Bereich des Sahels von Sousse und seiner Randgebiete (TAUBERT 1967, S. 82). Bis 1936 nahm der Anteil der Bevölkerung des Sahels von Sousse auf 13 %, bis 1966 auf etwa 11 % ab (PICOUET 1971 a, S. 127). Daraus kann abgelesen werden, daß das demographische Gewicht des Sahels von Sousse — relativ gesehen — seit Beginn des Jahrhunderts zugunsten vor allem des Großraumes Tunis abgesunken ist. Im Siedlungsgefüge wirkt sich diese Bedeutungsverschiebung jedoch kaum sichtbar aus.

Der Kernsahel war bereits in der Antike von einem leistungsfähigen Agrarsektor begünstigt. Die Sahelkulturen (Ölbaum, Bewässerungskulturen) bildeten — mit kleineren Unterbrechungen zwischen dem 12. und 15. Jahrhundert — eine ausreichende wirtschaftliche Basis für die gleichmäßige Bevölkerungszunahme im Hinterland von Sousse. Die rein agrarische Tragfähigkeit wurde hier seit dem 16. Jahrhundert stets optimal genutzt, meist sogar überschritten. Eine weitere Steigerung der Bevölkerungsdichte resultierte deshalb aus der Expansion des nichtagraren Wirtschaftssektors, der in den Städten und in den großen Dörfern des Kernsahels Arbeitsplätze bereitstellte (Despois 1955, S. 288—290). Die Beziehungen zwischen den urbanen Zentren und dem agrarischen Umland bildeten während der gesamten Kulturlandschaftsentwicklung dieses Raumes das entscheidende Grundgerüst der Siedlungsstruktur (Fahem 1968; Wirth 1973).

So lebten Handwerker, Gewerbetreibende und Händler von der Verarbeitung und Vermarktung agrarischer Produkte. Städtische Bürger traten zunehmend als Eigentümer landwirtschaftlicher Nutzflächen in Erscheinung. Der größte Teil der bäuerlichen Bevölkerung lebte nicht, wie in anderen Küstenlandschaften Tunesiens, streusiedlungsartig in der Nähe ihrer Anbauparzellen, sondern in großen geschlossenen Dörfern. Relativ umfangreich ist die geographische Literatur, die sich mit der Siedlungsstruktur des Sahels von Sousse befaßt. Die kulturlandschaftliche und siedlungsgeographische Situation des Sahels von Sousse hat Despois (1955) ausführlich dargestellt und dabei zahlreiche Varianten von Siedlungsformen untersucht. Fahem beobachtete (1960, 1968) die städtischen Funktionen von Sousse und seine Beziehungen zum Umland. Taubert (1967) konzentrierte seine Analyse des Sahels von Sousse und dessen Randlandschaften vornehmlich auf die erste Phase der postkolonialen Entwicklung. Detaillierte Aufmerksamkeit widmete Ibrahim (1975) den Strukturformen des Handwerks in den Großdörfern des Sahels und berücksichtigte dabei ausführlich die Orte Moknine und Ksar Hellal, deren traditionelles Textilgewerbe das Siedlungsgefüge und die Bevölkerungsdichte nachhaltig gesteuert haben. Hinsichtlich der Industrie im engeren Sinn und seiner Bedeutung für die Siedlungsstruktur legte kürzlich Arnold eine materialstarke Studie vor, die den Sahel von Sousse-Monastir als gewerblichen Wirtschaftsraum behandelt (1979, S. 107—127). Verwiesen sei insbesondere auf die instruktiven Strukturskizzen und Kartogramme, mit deren Hilfe Arnold die Wirtschafts- und Siedlungsstruktur erläutert.

Hinzuweisen ist ferner auf verschiedene Arbeiten von Attia (1970); Picouet (1970, 1971 a, 1971 b); Marcoux (1971 a, 1971 b); Seklani (1974); Signoles (1972, 1973, 1975), die sich aus der Sicht der demographischen Entwicklung und der Migration ebenfalls mit Fragen der Siedlungsstruktur im Sahel befassen.

Wie sich aus dem Darstellungsgefüge der siedlungsgeographischen Karte ergibt und durch die erwähnte Literatur bestätigt wird, sind im Bereich des Sahels von Sousse vier Siedlungstypen zu unterscheiden. Die *Städte* gehen auf historisch weit zurückliegende Entstehungsphasen zurück und umspannen jeweils eine nahezu unterbrechungsfreie Existenz. Monastir und Mahdia wurzeln auf Stadtanlagen des 9. Jh. Sie wurden tiefgreifend seeseits von den verschiedensten mittelmeerischen Kultureinflüssen überformt und verfügen heute über zentralörtliche Funktionen, die sich etwa mit den seit 1974 aus dem ehemaligen Gouvernorat Sousse herausgelösten Verwaltungsbereichen decken. Beide Städte haben etwa je 25 000 Einwohner (1975).

Während Mahdia gegenwärtig der zweitwichtigste Fischereihafen Tunesiens ist, verdankt Monastir die Restauration der Altstadt und der historischen Stätten nicht zuletzt seiner Sonderstellung als Geburtsstadt des Staatspräsidenten.

Sousse, bis auf eine punische Gründung zurückreichend, in der römischen Zeit als

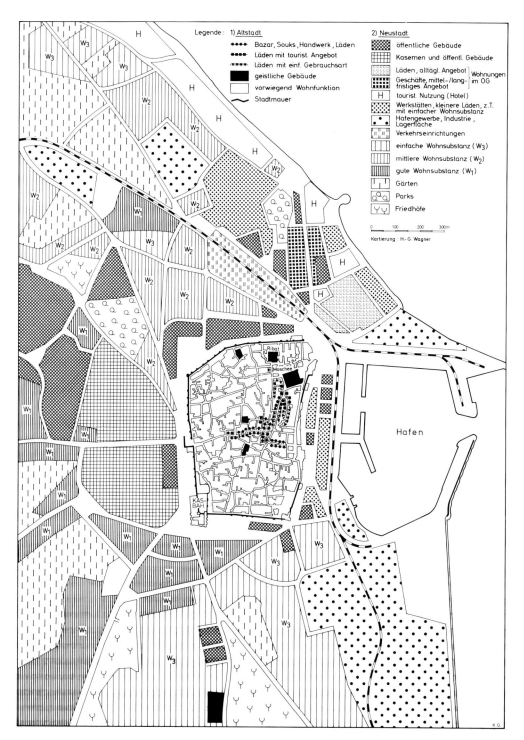

Legende: 1) Altstadt

- ◆◆◆◆ Bazar, Souks, Handwerk, Läden
- ●●●● Läden mit tourist. Angebot
- ▼▼▼▼ Läden mit einf. Gebrauchsart
- ■ geistliche Gebäude
- ☐ vorwiegend Wohnfunktion
- ～ Stadtmauer

2) Neustadt

- öffentliche Gebäude
- Kasernen und öffentl. Gebäude
- Läden, alltägl. Angebot ⎫ Wohnungen
- Geschäfte, mittel-/lang- ⎬ im OG
  fristiges Angebot ⎭
- H tourist. Nutzung (Hotel)
- Werkstätten, kleinere Läden, z.T. mit einfacher Wohnsubstanz
- Hafengewerbe, Industrie, Lagerfläche
- Verkehrseinrichtungen
- einfache Wohnsubstanz (W₃)
- mittlere Wohnsubstanz (W₂)
- gute Wohnsubstanz (W₁)
- Gärten
- Parks
- Friedhöfe

0 100 200 300m

Kartierung : H.-G. Wagner

Ribat
Moschee
Hafen
KAS-BAH

K.G.

Figur 32   Funktionalräumliche Gliederung von Sousse (1976).

Hadrumetum militärischer, merkantiler und befestigter Ort, war bis zur Kolonialzeit eine bedeutende Hafenstadt mit vielseitigen Beziehungen zu Kairouan. Um 1896 hatte die Bebauung noch nicht über die Mauerlinie der Medina hinausgegriffen. Seitdem setzte jedoch die für nordafrikanische Städte typische dualistische Entwicklung ein. Wie aus dem topographischen Gefüge der *Figur 32* ersichtlich ist, entstand weitgehend unabhängig vom islamischen Kern eine mediterran-europäische Neustadt mit eigenständiger wirtschaftlicher, demographischer und sozialer Entwicklung. Nach Erlangung der staatlichen Unabhängigkeit (1956) blieben Verwaltung, Dienstleistung und modernes Gewerbe standortmäßig hier erhalten. Große Teile der Medinabevölkerung nahm die von den Europäern frei gemachten Wohngebäude in Besitz. Hatte die Stadt im engeren Sinn 1936 ca. 29 000 Einwohner, so stieg diese Zahl vorwiegend durch Zuwanderung aus dem ariden Süden und aus den Tieflandsteppen über 58 000 (1966) auf 70 000 (1975) an. Die Migrationsgewinne führten zur Auffüllung des frei gewordenen Wohnraumes in der Medina. Zugleich entstanden angrenzend an die europäisch-kolonialzeitliche Bausubstanz einfachste Wohnquartiere, die in *Figur 32* mit *W 3* gekennzeichnet sind (vgl. B'CHIR 1973).

Siedlungs- und Wirtschaftsstruktur werden in jüngster Zeit durch den über Sousse verlaufenden N-S-Verkehr, die administrativen Funktionen, die schulisch-beruflichen Fortbildungseinrichtungen und die industrielle Entwicklung geprägt. Im vergangenen Jahrzehnt hat auch der Tourismus mit zahlreichen Hotelbauten an der Küstenlinie nördlich des Stadtzentrums den Wirtschaftsraum von Sousse nachhaltig verändert (ARNOLD 1979, S. 118—123). Der Hafen mußte dagegen einen großen Teil seiner Bedeutung an Tunis und Sfax abgeben.

Auch im weiteren Umland von Sousse haben ebenso wie am gesamten Küstensaum des Sahel Urbanisierungsprozesse das traditionelle Siedlungsgefüge verdichtet. Nicht nur die progressive Entwicklung des industriell-gewerblichen Sektors hat hierzu beigetragen, sondern auch die räumliche Konzentration tertiärer Einrichtungen, die ein unmittelbar zugeordnetes Hinterland mit regionalen Diensten versorgen. Außerdem kommt im gesamten Küstenraum dem Tourismus als Wirtschaftsfaktor eine wachsende Bedeutung zu. Ihm sind nicht nur zahlreiche Arbeitsplätze unmittelbar zu verdanken, auch indirekt, d. h. in versorgenden Branchen setzte eine Ausweitung der Beschäftigungsmöglichkeiten ein, der die traditionellen Verarbeitungsbranchen für Sahel-Agrarprodukte arbeitsplatzmäßig überrundete. Die wirtschaftliche Entwicklung, die an anderer Stelle näher erläutert wird (vgl. ARNOLD 1979, S. 107—117), hat seit Beginn der Unabhängigkeit, verstärkt ab 1966, die Bevölkerungszunahme im Küstenbereich des Sahel nachhaltig gefördert. Trotz der Abwanderungsüberschüsse hat der Kernsahel durch Zuwanderung aus dem ariden Süden Tunesiens und aus den zentralen Steppenlandschaften seinen Bevölkerungsbestand ergänzen können. Wenn auch die über den kommunalen Bereich hinausgehende Stadtregion Sousse mit ca. 130 000 Einwohnern die Bevölkerungszahl der Stadtregion von Sfax (278 000 Einwohner) nach wie vor nicht erreicht und deshalb weiterhin die dritte Position unter den tunesischen Agglomerationen einnimmt, so sind doch die jeweils vergleichbaren wirtschaftlichen Raumeinheiten, nämlich die heutigen Gouvernorate Sousse-Monastir mit 488 000 Einwohnern einerseits und das Gouvernorat Sfax mit 437 000 Einwohnern andererseits hinsichtlich ihrer Bevölkerungszahl (1975) etwa als ebenbürtig einzustufen (*vgl. Tab. 1*).

Tabelle 1   Zunahme der Stadtbevölkerung 1966—1975 in den Gouvernoraten Sousse, Monastir
und Sfax. Daten auf Gebietsstand 1975 umgerechnet

Gouvernorate	1966		1975		1966—1975 jährlicher
	absolut	%	absolut	%	Zuwachs in %
Gesamtbevölkerung					
Sousse					
Monastir	375 000		488 000		3,3
Sfax	394 000		472 000		2,2
davon Anteil der „urbanen" Bevölkerung					
Sousse					
Monastir	260 000	69,3	364 000	74,5	4,4
Sfax	228 000	57,9	273 000	57,8	2,2

Quellen: RECENSEMENT GÉNÉRAL DE LA POPULATION ET DES LOGEMENTS (3 mai 1966). — RECENSEMENT
GÉNÉRAL DE LA POPULATION ET DES LOGEMENTS (8 mai 1975). Tunis 1976, S. 169, 205, 215.

Demgegenüber ist jedoch festzuhalten, daß die Zunahme des Verstädterungsgrades im Randbereich der Stadtregion von Sousse im Zeitraum 1966—1975 erheblich höher
lag als bei Sfax. Man könnte diese Entwicklung dahingehend erklären, daß im Gouvernorat Sousse die Bevölkerungszunahme vorwiegend den bereits verdichteten Siedlungen,
also den Großdörfern mit Commune-Status zugute gekommen ist, während sich im Gouvernorat Sfax das demographische Wachstum gleichmäßiger auf alle Siedlungstypen ver-
teilte. Diese Deutung entspricht den historisch entstandenen Unterschieden der Siedlungsstruktur der beiden Großregionen. Eine weitere Interpretation wäre jedoch mit der
Feststellung möglich, daß im Bereich der Stadtregion von Sousse und ihrer Randbereiche
im Verlauf des letzten Jahrzehntes Bevölkerungswachstum und Verstädterung schneller
erfolgten als in der Stadtregion Sfax, während die Verhältnisse im vorangegangenen Jahrzehnt 1956—1966 noch umgekehrt waren (vgl. *Tab. 1*). Diese Tatsache deutet auf eine in
jüngster Zeit erneut starke, nachholende wirtschaftliche Entwicklung im Gouvernorat
Sousse hin.

Der zweite für den Sahel von Sousse charakteristische Siedlungstyp ist in den etwa
zwanzig *Großdörfern* zu sehen, die westlich und südlich von Sousse-Monastir das Gefüge
der Kulturlandschaft bestimmen. Die Karte N 9 Siedlungsgeographie begrenzt ihr Ver-
breitungsgebiet mit der *Sign. S 19*. Auf der Karte N 8 Bevölkerungsgeographie wird der
entsprechende Raum durch einen hohen Anteil an agglomerierter Bevölkerung abgesteckt,
auf der Karte N 11 Agrargeographie korrespondiert die *Sign. A 23 a* (s. AFRIKA-KARTEN-
WERK, Blätter N 8, N 9, N 11). Nach dem jüngsten Recensement lebten 1975 in Teboulba
14 300 Einwohner, in Moknine 26 000, in Djemmal 19 000, in Msaken 33 500 Einwohner.
DESPOIS (1955, 1961, S. 126) erklärt die Entstehung der Großdörfer mit der Unsicherheit,
die in historischer Zeit der bäuerlichen Bevölkerung von den Nomaden der Tieflandsteppen drohte. Andererseits mögen auch die Eigentumsverhältnisse sowie die Entwicklung

Figur 33   Sahel-Großdorf H a m m a n - S o u s s e. Luftbild 1963, TU 028-70-357. Freigabe durch Le Président Directeur Général de l'Office de la Topographie et de la Cartographie vom 17. 11. 1980. © République Tunisienne.

gewerblicher (nichtagrarischer) Existenzformen zur Konzentration der Siedlungsweise beigetragen haben. Auch ehemals nomadische Gruppen wurden in die bereits bestehenden Großdörfer relativ schnell integriert und zu bäuerlicher Lebensweise übergeleitet. Obwohl alle Agrardörfer in der Vergangenheit bereits über regelmäßige Wochenmärkte verfügten (IBRAHIM 1975, Karte 11) und heute Verwaltung und spezialisierte Versorgungseinrichtungen besitzen, fehlt ihnen doch (mit Ausnahme von Ksar Hellal, Hammam-Sousse und Moknine) jedes Merkmal städtischer Funktionen im engeren Sinn. Die Großdörfer sind noch nicht einmal als Zentrale Orte anzusehen, obwohl sie natürlich zu den umliegenden landwirtschaftlichen Nutzflächen Beziehungen haben. Die *Figur 33* zeigt H a m m a m - S o u s s e (1975: 15 000 Einwohner). Dem Luftbild ist zu entnehmen, daß die topographische Entwicklung in verschiedenen Expansionsphasen verlaufen ist und mehrere lokale Zentren mit Moschee, Souk und Dienstleistungsstandorten umfaßt.

Die zwischen den Großdörfern in Streulage befindlichen Einzelhäuser sind erst nach der „Befriedung" der Nomaden in den westlich angrenzenden Tieflandsteppen entstanden und stellen so das Ergebnis eines gewissen räumlichen Ausdehnungstrends der äußerst verdichteten Großdörfer dar.

Eine ausführliche Darstellung einer der Sahel-Großsiedlungen hat STAMBOULI (1962) mit seiner Analyse der Region von Ksar-Hellal vorgelegt.

Ein d r i t t e s Siedlungselement des Sahel stellt die im Küstenbereich mit der Erschließung der dortigen Bewässerungskulturen erst in diesem Jahrhundert entstandene *Schwarmsiedlung* dar (*Sign. S 22* entsprechend *A 25 a* der Karte N 11 Agrargeographie, s. AFRIKA-KARTENWERK, Blatt N 11). Hier hat sich mit den seit etwa 1960 errichteten *Hotelghettos* und Feriendörfern ein v i e r t e r Siedlungstyp entwickelt, der im Bereich des Küstensaums eine dominant landschaftsprägende Bedeutung erlangt hat.

4.2 Sahel von Sfax

Ein insgesamt anderes Gesamtbild läßt das Siedlungsgefüge im Sahel von Sfax erkennen. Es wird auf der Karte N 9 Siedlungsgeographie mit den *Sign. S 18* (Einzelhaus-Streusiedlung), die mit *A 25 a* und *A 25 b* der Karte Agrargeographie (s. AFRIKA-KARTENWERK, Blätter N 9 und N 11) korrespondieren, sowie durch die *Sign. S 17* (Einzelgehöfte, Lehmhüttendörfer) dargestellt. Die Entwicklung der hier anzutreffenden Siedlungselemente ist einerseits eine Folge der Wirkungsreichweite der Stadt Sfax (Gartenstadtgürtel), andererseits ergaben sie sich aus der kolonialen Agrarpolitik im Bereich der Olivenkulturen, die den äußeren Wirtschaftsraum des Sahels von Sfax prägen. Das Wachstum des dynamischen urbanen Oberzentrums selbst ist zwar ebenfalls stark außenbestimmt. So konzentrierte der Hafen durch den hier stattfindenden Phosphatumschlag Exporteinrichtungen und Industrieanlagen auf sich und bewirkte damit besonders seit 1960 wirtschaftliches Wachstum und Wanderungsgewinne. Kulturlandschaftsgenetisch spielte Sfax wie Sousse die Rolle eines impulsgebenden, ausstrahlenden E n t w i c k l u n g s p o l s . Hier wie dort verursachten zentral-periphere Verflechtungen Entstehung und Ausbau von zugeordneten Wirtschaftsräumen. Wenn auch das siedlungsstrukturelle Gefüge in den beiden Sahel-Bereichen im Detail eine durchaus unterschiedliche Gestaltung erhielt, liegen beiden Landschaften doch sehr ähnliche raumwirksame Prozesse zugrunde, die sich mit dem weiterentwickelten Modell des zentral-peripher sich vollziehenden regionalen Wirtschaftswachstums von FRIEDMANN (1966, 1972) beschreiben lassen.

Die B e v ö l k e r u n g s e n t w i c k l u n g verdeutlicht die siedlungsgeographischen Wandlungen im Großraum Sfax. Obwohl die in *Tabelle 2* aufgeführten Daten verschiedenen Quellen entnommen sind, kann doch die gleichmäßige Zunahme der Einwohnerzahl parallel zur wirtschaftlichen Expansion konstatiert werden. Sie erreichte im zurückliegenden Jahrhundert sowohl im eigentlichen Stadtgebiet als auch im sog. Gartengürtel nahezu eine Vervierfachung. In der räumlichen Ausweitung der Bevölkerung über das engere Stadtge-

Tabelle 2   Bevölkerungsentwicklung im Großraum Sfax 1880—1975

	Stadtgebiet		Stadtgebiet plus Gartenstadtgürtel
1880	25 000	1906	69 000
1936	43 000	1921	72 000
1946	54 000	1956	152 000
1956	65 000	1960	175 000
1966	86 000	1966	214 000
1975	93 000	1975	277 000

Quellen: Daten zusammengestellt und auf die angegebenen Flächen umgerechnet mit Hilfe folgender Quellen: Despois 1955, S. 509, Lalue & Marthelot 1962, S. 300, Groupe Huit 1971, Vol. II, S. 495, Recensements de la Population 1956, 1966 und 1975.

biet hinaus liegt eine Randwanderung aus dem urbanen Zentrum in die Peripherie zugrunde, während die überregionale Zuwanderung auf den Kern gerichtet ist.

Auf größeren Freiflächen in der Nähe des arabischen Altstadtkerns, aber auch die Neustadt nach außen fortsetzend, sind einfache Wohnquartiere entstanden, die vorwiegend spontan errichtet, oft aber auch seitens städtischer Behörden wieder beseitigt werden. Das Nebeneinander und die Übergangsformen dieser suburbanen Siedlungsweisen sind aus *Figur 34* zu erkennen.

Figur 34   Notwohnquartiere im Randbereich der Neustadt von Sfax. In der Aufnahme sind verschiedene Übergangsformen der Wohnweisen von Zuwanderern erkennbar. April 1976.

Figur 35   Der äußere Gartenstadtgürtel von Sfax (Mandelring) ist nur weitständig besiedelt und leitet zum Ölbaumgürtel mit geringerer Bevölkerungsdichte über. April 1976.

Im Zuge der Entwicklung der Baumkulturen im inneren und äußeren Gartenstadtgürtel (vgl. MENSCHING 1968/1979, Fig. 14, S. 175) verlegten viele Stadtbewohner von Sfax ihren Wohnsitz nach außen. Der Standort der Berufsausübung änderte sich jedoch nicht, so daß auf den sternförmigen Straßen zum Zentrum ein starker täglicher Pendlerverkehr einsetzte.

Die in gleichmäßig dichter Streulage entstandenen Einzelgehöft-Innenhofhäuser mit hoher Belegungsdichte ließen im Radius von 10—12 km um die Medina eine hohe Verdichtung von Wohnfunktionen entstehen, die sich jedoch im äußeren Gartenstadtgürtel (= Mandelring) bereits etwas verringert. Auf der Karte N 8 Bevölkerungsgeographie (s. AFRIKA-KARTENWERK) kommt diese Raumgliederung exakt zum Ausdruck. Die dichte Punktscharung reicht bis zur Grenze des inneren Gartenstadtgürtels. Aus *Figur 35* ist die geringer werdende Besiedlungsdichte beim Übergang in den Ölbaumgürtel erkennbar.

Die Erwerbsstrukturstatistik zeigt, daß etwa ein Viertel der Bevölkerung der Delegation Sfax (identisch mit dem gesamten Gartenstadtgürtel) im Jahre 1966 im Agrarsektor beschäftigt war, der größere Teil dagegen einem außerlandwirtschaftlichen Beruf nachging, wobei die Zahl der Doppelexistenzen nicht speziell ausgewiesen wird. Diese Sozialstruktur ist Folge der wirtschaftsräumlichen Entwicklung, die überwiegend vom städtischen Zentrum und damit von stadtbürgerlichen Gruppen getragen wurde (vgl. *Tab. 3*).

Tabelle 3   Erwerbsbevölkerung der Delegation Sfax, 1966.
              Erfaßt wird nur die „population urbaine"

	absolut	%
Agrarsektor	12 233	24,1
außeragrarischer Bereich	38 507	75,9
innerhalb dessen:		
produzierender Bereich	16 881	43,6
Dienstleistung	21 626	56,4

Quelle: GROUPE HUIT 1971, Vol. II, S. 464.

Die kartographische Skizzierung der wichtigsten Funktionalräume des Stadtzentrums von Sfax (*Fig. 36*) zeigt die gleiche dualistische Grundstruktur zwischen Medina und Neustadt, wie Sousse und Tunis. Die Karte unterstreicht auch die Aussagen über die zentral-periphere Verflechtung zwischen Zentrum und Außenbereichen. Sie läßt den kontinuierlichen Übergang zu den Nutzungsformen im Gartenstadtring erkennen (vgl. FAKHFAKH, M. 1971; 1975 a und b). Ältere Arbeiten von LOUSTALET (1967) und POMPEI (1964) befassen sich mit den regionalen Funktionen von Sfax und städtebaulichen Problemen. LOWY (1976) analysiert das produzierende Handwerk in der Medina von Sfax.

Außerhalb des Gartenstadtgürtels wird die Siedlungsdichte geringer, und entsprechend sinkt die Bevölkerungsdichte ab. Die sich hier bis zu 60 km in ehemaliges Steppenland erstreckenden Olivenbestände entstanden seit Beginn der Kolonialzeit zunächst nicht als bäuerliche Kulturen, sondern wurden von Kapitalgesellschaften sowie von europäischen Großfarmern angelegt (ACHENBACH 1971, S. 92). Da als saisonale Arbeitskräfte zur Erntezeit Angehörige der Nomaden (Methellith), die früher hier ihre Weideflächen hatten, nur kurzfristig herangezogen wurden, blieb die Siedlungs- und Bevölkerungsdichte im Ölbaumsahel von Sfax zunächst auf einem niedrigen Stand. Erst allmählich wurden Nomadengruppen mit Zelt und Lehmhüttenweilern in Streulage vorübergehend und schließlich fest ansässig. Außerdem bot das Mogharsa-System tunesischen landlosen Bauern die Möglichkeit, ihre Arbeitskraft mit dem hier investierten Kapital der Stadtbürger oder der europäischen Erschließungsgesellschaften zu verbinden, die Urbarmachung der Steppe und die Aufzucht der Olivenhaine vorzunehmen, um am Ende der Kontraktzeit mit der Hälfte der von ihnen erschlossenen Kulturfläche belohnt zu werden. Insgesamt blieb dieses System jedoch bei hohem Kapitaleinsatz arbeitsextensiv und z. T. hochmechanisiert. Deshalb ist es verständlich, daß die Siedlungsdichte im Olivensahel von Sfax gering geblieben ist. Erst in der postkolonialen Zeit hat sich der Arbeitskraftbesatz in den als Cooperative weitergeführten ehemaligen Europäerfarmen erhöht. So entstanden neben den wachsenden Lehmhüttendörfern staatlich geplante Neusiedlungen mit Steinbauten. Hier zogen Zuwanderer aus den Gebieten der südlichen Tieflandsteppen ein. In zunehmendem Maße wurden diese neuen Siedlungszellen mit der erforderlichen administrativen und versorgungsmäßigen Infrastruktur versehen (*Sign. S 17*). Die Situation des Agrarsektors der Gesamtregion von Sfax hat kürzlich FAKHFAKH, M. (1976 a) ausführlich dargestellt und dabei auch Grundzüge des Siedlungsgefüges erläutert.

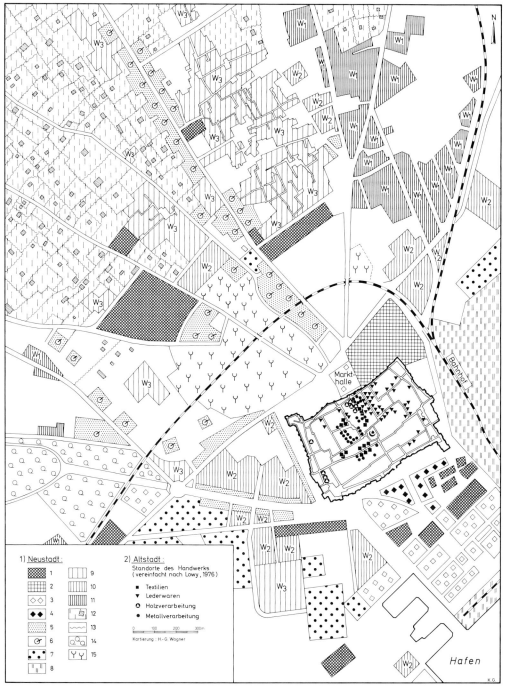

Figur 36   Funktionalräumliche Gliederung von Sfax (1976). Legende zum Kartenteil Neustadt:
1 Öffentliche Dienstleistungen. 2 Militärisches Gelände. 3 Läden für täglichen Bedarf. 4 Geschäfte
mit langfristigem Warenangebot. 5 Werkstätten, kleine Läden, einfache Wohnungen. 6 Olivenverar-
beitung. 7 Industrie, Lagerflächen. 8 Verkehrsflächen. 9 Einfache Wohnsubstanz (W₃). 10 Mittlere
Wohnsubstanz (W₂). 11 Gute Wohnsubstanz (W₁). 12 Gärten mit Wohngebäuden im Gartengürtel.
13 Grenzbepflanzung im Gartengürtel. 14 Parks. 15 Friedhöfe.

5   Räumliche und zeitliche Differenzierung der Seßhaftwerdung vor 1950

Unter diesen Leitgesichtspunkten wurden aus siedlungsgeographischer Sicht Gebiete zusammengefaßt, die bei einer rein geoökologischen Raumgliederung stärker voneinander abzugrenzen wären. Hier soll jedoch die Seßhaftwerdung von Nomaden und Halbnomaden in ihrer zeitlichen und räumlichen Differenzierung seit Beginn der Kolonialzeit
in den Vordergrund gestellt werden.

Auf den Vorgang der Seßhaftwerdung geht das in einer ersten Phase entstandene
Netz von Dauersiedlungen in Streulage zurück. Durch jüngere Raumordnungsmaß-
nahmen wird seit etwa 1965 in Tunesien angestrebt, die disperse Siedlungsverteilung abzubauen und zwecks besserer Ausnutzung von Versorgungseinrichtungen eine Konzentration der Bevölkerung auf ausgewählte Schwerpunkte (Neusiedlungen) herbeizufüh-
ren.

Im Interesse vergleichbarer Beobachtungsperioden ist die Siedlungsentwicklung deshalb in den algerischen und tunesischen Teilbereichen der Siedlungskarte jeweils ab etwa
1880 zu verfolgen. Räumlich stehen dabei vorwiegend die *Hochlandsteppen* zur Diskus-
sion. In Ost-Algerien gehören hierzu auch Gebiete im Übergangsbereich der *Sign. S 11*
und *S 26* (Nememcha). In Tunesien sind vor allem die von der *Sign. S 20* erfaßten Flächen zu analysieren. Diese reichen nach Osten bis in das Überschneidungsgebiet zwischen
den Sahellandschaften von Sousse und Sfax. Obwohl dieser Raum während der antiken
Kulturlandschaftsentwicklung agrarisch bereits erschlossen war und deshalb Zentrale Orte

Figur 37   Streu- und Schwarmsiedlung am Westrand des Beckens von Kairouan. Luftbild 1963
TU 029-150-547. © République Tunisienne. Freigabe durch Le Président Directeur Général de l'Office de la Topographie et de la Cartographie vom 17. 11. 1980.

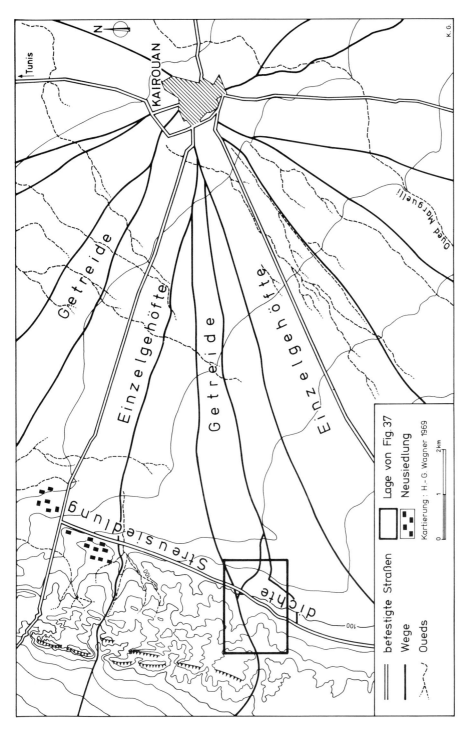

Figur 38 Situationsskizze zur Lage des Luftbildausschnittes der *Figur 37* am Westrand des Beckens von Kairouan.

wie El Djem entstehen konnten, hat gerade hier im Gefolge der Nomadeneinbrüche des 11. Jahrhunderts ein Verfall des Siedlungssystems stattgefunden. Erst seit 1880/1900 setzte mit der Seßhaftwerdung der Souassi und Methellith erneut ein Landschaftswandel ein, der schrittweise eine strukturelle Anpassung an die Sahelregionen mit sich brachte.

Der Verfasser ist sich darüber im klaren, daß die in diesem Kapitel zusammengefaßten Teilräume siedlungstypologisch oder ethnisch auch anders hätten gegliedert werden können. Insbesondere erwies sich hier der dem Kartenblatt zugrunde liegende konzeptionelle Kompromiß zwischen ökologisch-regionalen, genetischen und siedlungsgeographisch-formaltypologischen Gesichtspunkten als besonders schwierig durchführbar. Aber einerseits erschien ein V e r g l e i c h der verschiedenen Phasen der Seßhaftwerdung wünschenswert, andererseits war eine A b g r e n z u n g von den Tieflandsteppengebieten mit anderen physischen Grundlagen der agrarischen und siedlungsmäßigen Erschließung notwendig.

Die eingehende Darstellung der Entwicklung neuer Siedlungsformen im Bereich der Hochsteppen verlangt die Analysierung der demographischen Prozesse ebenso wie der agrarwirtschaftlichen Veränderungen. Diese Z u s a m m e n h ä n g e wurden im Kapitel 5.2.8 des Beiheftes zur Karte N 8 Bevölkerungsgeographie (s. AFRIKA-KARTENWERK) bereits ausführlich dargestellt. Um eine direkte Wiederholung der dortigen Erläuterungen zu vermeiden, wird auf diesen Abschnitt verwiesen.

Hinsichtlich weiterführender Literatur sind neben den im genannten Kapitel behandelten Arbeiten folgende Untersuchungen wichtig: FRÉMONT (1961, 1969) hat sich jeweils mit einzelnen Teilräumen der Hochsteppen aus kulturgeographischer Sicht befaßt. MONCHICOURT (1906) gibt eine Analyse von zwei nomadischen Stämmen vor der Seßhaftwerdung. Auch BESSIS et al. (1956) konzentrieren ihre Untersuchungen auf ein bestimmtes Stammesgebiet. Mit allgemeinen Fragen der Seßhaftwerdung in den tunesischen Hochsteppengebieten setzen sich ZGHAL (1967), ATTIA (1966 a), FILALI (1966) und MAKLOUF (1972) auseinander. Überregionale Probleme der Nomadenwirtschaft stellen HERZOG (1963) und NIEMEIER (1955) in den Vordergrund.

Typologisch hebt sich die Siedlungsentwicklung in den *Tieflandsteppen* von derjenigen im Steppenhochland Tunesiens ab. N a t u r g e o g r a p h i s c h ist dieser Raum ein Übergangsgebiet von den beiden Sahel-Regionen im Osten zu den Hochsteppen im Westen. Seine westliche Begrenzung fällt angenähert mit den N-S streichenden Schichtkämmen zusammen, die das Becken von Kairouan umrahmen. Hinsichtlich der g e n a u e r e n Abgrenzung sei auf die Karte in *Figur 18* des Beiheftes zur Karte N 8 Bevölkerungsgeographie (s. AFRIKA-KARTENWERK, Beifheft N 8) verwiesen. Dort wird die deutliche Nord-Süd-Erstreckung der relativ schmalen Region 5.2.9 mit den beiden Zentren Kairouan im N und Bir Ali Ben Khalifa im S recht deutlich. Die Karte N 9 Siedlungsgeographie (s. AFRIKA-KARTENWERK, Blatt N 9) t e i l t dieses Gebiet nochmals auf: im N o r d e n *Sign. 23* mit Lehmhüttendörfern, randlicher Streusiedlung und deshalb gebietmäßig stärker verdichteter Bevölkerung; im S ü d e n (stärker aufgelockert und durchsetzt mit Einzelgehöftegebieten der *Sign. 20)* Flächen der *Sign. 21,* die überwiegend S t r e u s i e d l u n g darstellt; sie bewirkt in der Bevölkerungsverteilung (Karte N 8 Bevölkerungsgeographie s. AFRIKA-KARTENWERK, Blatt N 8) eine größere Gleichmäßigkeit.

Die Bevölkerungs e n t w i c k l u n g der Tieflandsteppen kann in ihrer ersten Phase ebenso wie in den Hochsteppenlandschaften nur vor dem Hintergrund der Seßhaftwer-

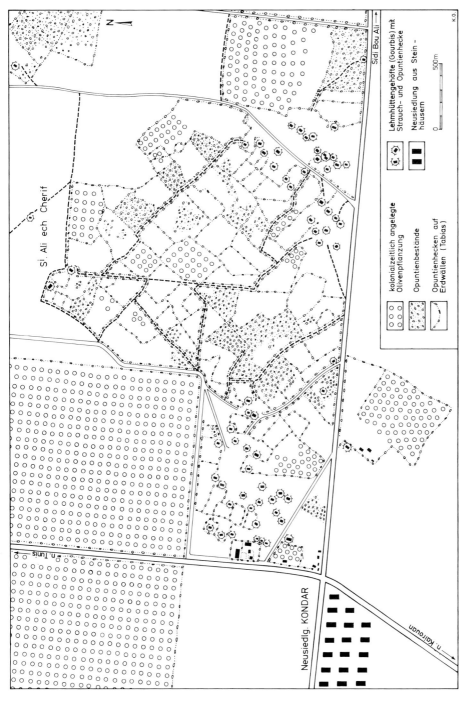

Figur 39 Siedlungsstruktur am Nordrand des Beckens von Kairouan: Siedlung Kondar. Quelle: Luftbilder 1963 und jüngere Kartierungen.

Figur 40   Gourbigehöft in einer Schwarmsiedlung des Dorfes Kondar am Nordrand des Beckens von Kairouan (vgl. *Fig. 39*). April 1976.

Figur 41   Neusiedlung Kondar (vgl. *Figur 39*). Die abgebildete Wohneinheit ist für zwei Familien bestimmt. Sie umfaßt zwei getrennte Räume, die außen liegende, überdachte Kochstelle und einen ummauerten Hofraum. April 1976.

dung ehemals nomadischer und halbnomadischer Gruppen und der kolonialzeitlichen agraren Entwicklungsprojekte dargestellt werden. Außerdem ist zu beachten, daß die klimageographischen Rahmenbedingungen im N (Kairouaner Becken) günstigere, im S (Gebiet westlich des Sahel von Sfax) schwierigere Voraussetzungen für die Landnutzung, die siedlungsräumliche Erschließung und damit insgesamt für die Bevölkerungsentwicklung bieten.

Im Kairouaner Becken gehen die ersten Anfänge der Seßhaftwerdung in die Zeit vor Beginn des Protektorates zurück, als man durch Errichtung von Staudämmen Getreidebau auf Überschwemmungsflächen ermöglichte. Während der kolonialen Entwicklungsperiode dehnten sich diese Getreidegebiete aus, meist von tunesischen Mittel- und Kleinbetrieben getragen. Südlich des Beckens von Kairouan, im Gebiet der seßhaft gewordenen Zlass erreichte die Getreidenutzung infolge der hier stärkeren Niederschlagsvariabilität nur extensive Formen, die auch in Verbindung mit Schafweidewirtschaft nicht zur vollen Existenzsicherung ausreichten und deshalb bis in die Gegenwart anhaltende Abwanderungstrends zur Folge hatten.

Als Beispiel für die örtliche Konzentration der Bevölkerung in Siedlungsschwärmen, also der lockeren Gruppierung von Gehöftgruppen über eine größere Fläche hinweg sei auf das Luftbild (*Fig. 37*) verwiesen. Es stellt einen Ausschnitt der Kulturlandschaft im Bereich der Schichtrippen dar, die das Becken von Kairouan westlich begrenzen. Die abgebildete Siedlungszelle besteht aus einer Blockflur mit Gehöftanschluß. Die durch Opuntienhecken auf Erdwällen (Tabias) eingehegten Parzellen dienen teils dem Getreidebau, teils sind sie von Olivenkulturen bestockt. Die ergänzende Viehhaltung verfügt über Weideflächen am Rand der Siedlungseinheit. Meliorationen haben zur Erneuerung des Fruchtbaumbestandes mit Mandelkulturen geführt.

Ein weiteres Siedlungsbeispiel (*Sign. S 23*) einer schwarmartig angeordneten Lehmhüttensiedlung zeigt die *Figur 39*. Die Siedlung entstand parallel zur kolonialzeitlichen Anlage eines Farmbetriebes mit Olivenpflanzungen. Aus saisonal bewohntem Gourbidorf entwickelte sich eine Dauersiedlung (*Fig. 40*) mit geringfügigem Anbau und Viehhaltung. Für die heute im Oliven-Großbetrieb beschäftigten Bewohner wurde westlich der Straße nach Kairouan ab 1968 eine Neusiedlung errichtet. Jeder der nach einheitlichem Schema errichteten Blöcke bietet Wohnraum für zwei Familien. Die Neubauten wurden anfangs jedoch nur zögernd angenommen (*Fig. 41*). Eine eingehende Schilderung der ersten Phasen der Seßhaftwerdung dieses Bereiches gibt DESPOIS (1955, S. 400 und S. 429).

Siedlungs- und Bevölkerungsentwicklung im *nördlichen* Teil des Steppentieflandes, insbesondere im Becken von Kairouan (*Sign. S 23* entsprechend der Sign. *A 20* auf der Karte N 11 Agrargeographie s. AFRIKA-KARTENWERK, Blatt N 11) verlief, wie die *Tabelle 4* zeigt, im Zeitraum 1956—1966 rascher als im darauffolgenden Jahrzehnt. Die Ursache hierfür ist in der stärker werdenden Abwanderung zu sehen.

Der Wanderungsumfang innerhalb des Gouvernorates läßt sich näherungsweise den beiden folgenden Tabellen entnehmen. Kairouan, die einstige Hauptstadt Tunesiens, zog bereits in historischer Zeit großräumlich wichtige urbane Funktionen auf sich und ließ auch in der jüngeren Vergangenheit sowie in der Gegenwart nur in geringem Umfang die Entstehung stadtähnlicher Siedlungsstrukturen innerhalb ihres weiteren Einflußbereiches zu. Kairouan ist deshalb heute das konkurrenzlose regionale Wanderungsziel einer Land-

Tabelle 4   Bevölkerungsentwicklung in ausgewählten Delegationen des Gouvernorates Kairouan
              1956—1975. Daten auf den Gebietsstand 1975 umgerechnet

Delegation	1956 absolut	1956—1966 jährlicher Zuwachs in %	1966 absolut	1966—1975 jährlicher Zuwachs in %	1975 absolut
Ousseltia	17 100	3,5	23 100	2,2	27 800
Sbikha	25 000	3,6	34 200	2,1	40 900
Kairouan[a]	62 500	3,6	85 000	2,9	107 400

[a] Die Angaben der Delegation Kairouan schließen die Bevölkerung der Stadt Kairouan ein.

Quellen: RECENSEMENT GÉNÉRAL DE LA POPULATION (1er février 1956). — RECENSEMENT GÉNÉRAL DE LA
POPULATION ET DES LOGEMENTS (3 mai 1966). — RECENSEMENT GÉNÉRAL DE LA POPULATION ET DES LO-
GEMENTS (8 mai 1975). Tunis, 1976, S. 186—188.

Tabelle 5   Bevölkerungsentwicklung im Gouvernorat Kairouan 1956—1975.
              Daten auf den Gebietsstand 1975 umgerechnet

	ländliche Bevölkerung	städtische Bevölkerung	insgesamt
1956	153 900	37 200	191 100
Jährlicher Zuwachs 1956—1966 in %	3,7	5,1	4,0
1966	210 900	56 480	267 300
Jährlicher Zuwachs 1966—1975 in %	2,3	3,8	2,6
1975	256 000	76 100	332 100

Quellen: RECENSEMENT GÉNÉRAL DE LA POPULATION (1er février 1956). — RECENSEMENT GÉNÉRAL DE LA
POPULATION ET DES LOGEMENTS (3 mai 1966). — RECENSEMENT GÉNÉRAL DE LA POPULATION ET DES LO-
GEMENTS (8 mai 1975). Tunis, 1976, S. 183—193.

Stadt-Migration, die hinsichtlich ihres Umfangs in den vergangenen zehn Jahren stark zugenommen hat. Eine Studie zum Problem des „Exode rural" im Umkreis Kairouans hat
kürzlich TRABELSI vorgelegt (1976). Er untersucht die kausalen Beziehungen zwischen den
ländlichen und städtischen Arbeitsmärkten einerseits und der natürlichen regionalen Bevölkerungszunahme andererseits. Unterscheidet man die Zunahme der ländlichen und der
städtischen Bevölkerung, die weitgehend mit derjenigen der Stadt Kairouans identisch ist
und sonst nur einige kleine, zu Kommunen erhobene Zentren (z. B. Hadjeb-el-Aioun)
umfaßt, so zeigt sich für den Zeitraum ab 1956, daß die Stadtbevölkerung schneller
zugenommen hat als die ländlich wohnende Bevölkerung (*Tab. 5*).
      Die Zentralität Kairouans erfaßt hinsichtlich ihrer Reichweite heute mit Ausnahme
der Sahels von Sousse und Sfax weitgehend ganz Zentraltunesien. Kairouan war als Hei-
lige Stadt stets der geistliche Mittelpunkt des östlichen Maghreb. Aber auch die wirt-

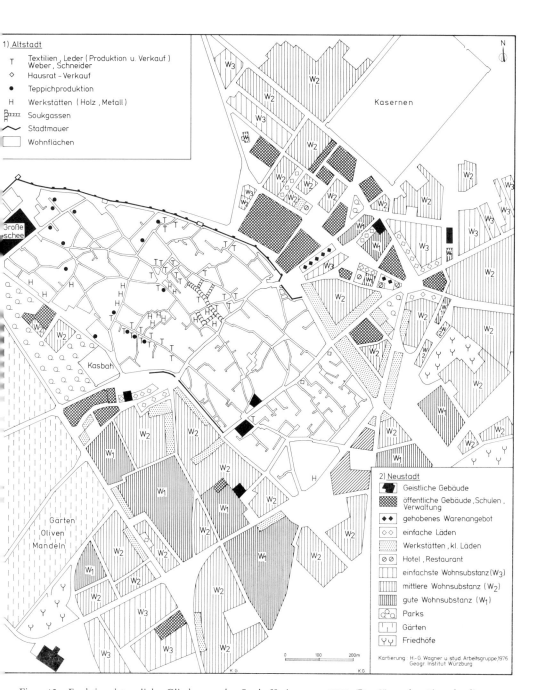

Figur 42   Funktionalräumliche Gliederung der Stadt K a i r o u a n 1976. Der Kern der Altstadt, die Medina, wird von jüngeren Wohn-, Gewerbe- und Ladenvierteln umgeben. Im Gegensatz zu Tunis, Sousse und Sfax ist die Neustadt von Kairouan jedoch in der Protektoratszeit in wesentlich geringerem Umfang von europäischen Einflüssen geprägt worden.

Tabelle 6   Bevölkerungsentwicklung der Stadt Kairouan 1936—1975

1936	23 000	1966	47 300
1946	32 000	1971	58 000
1956	34 000	1975	69 100

Quelle: RECENSEMENT GÉNÉRAL DE LA POPULATION ET DES LOGEMENTS (3 mai 1966), 2me fascicule. Population par division administrative. S. 64.

schaftlichen Beziehungen zum näheren und weiteren Hinterland stützen die Bedeutung der Stadt als Zentrum von Handel, Handwerk und Gewerbe. Obwohl die Sahelstädte Sousse und Sfax in dieser Hinsicht während der beiden letzten Jahrzehnte höhere Zuwachsraten verzeichneten, ist die Bevölkerung der Stadt Kairouan seit 1966 jährlich um etwa 4,5 % gestiegen. Administrative Zentralität, Ausbildungseinrichtungen und nicht zuletzt der Tourismus fördern die monozentrale Stellung Kairouans in der Gegenwart nachhaltig (vgl. *Fig. 42*).

Die *südlichen* Bereiche der Tieflandsteppen (*Sign. S. 21*), administrativ teilweise schon zum westlichen Teil des Gouvernorats Sfax gehörend, heben sich mit geringerer Bevölkerungsdichte von den umgebenden Regionen deutlich ab. Die Seßhaftwerdung der Nomaden hat hier wesentlich später eingesetzt als im Becken von Kairouan. Während der dreißiger Jahre versuchte die Administration des Protektorates größere Herdenwanderungen einzuschränken, um den Getreidebau zu fördern. Für Festansiedlung und Anlage von Fruchtbaumkulturen wurden Subventionen zur Verfügung gestellt. Entsprechend der traditionellen Wohnweise der nomadischen Gruppen entstand eine weitständige Streusiedlung. Entsprechend der Risikogefährdung der agrarischen Nutzungssysteme stieg die Bevölkerungsdichte mit Ausnahme des Souassi-Gebietes zunächst nur geringfügig an. Ausgehend von einzelnen, regionalen Ansatzpunkten begann die europäische Agrarkolonisation, Steppenareale in Kulturland umzuwandeln. Um Bou Thadi (zwischen Sfax und Sbeitla) wurden Getreideflächen und Olivenkulturen angelegt und von Fellahs in Kleinbetrieben sowie von Colons in größeren Farmeinheiten bewirtschaftet. Peripher an den Sahel von Sfax angrenzend breiteten sich zellenartig Olivenpflanzungen aus, die teilweise von städtischen Bürgern finanziert wurden (ACHENBACH 1971, S. 100). Weiter außerhalb blieben die Ölbaumbestände lückenhaft (MENSCHING 1979, S. 185) und bilden auch heute neben vereinzelten Getreide- und Weideflächen bei nach SW zunehmender Aridität und Niederschlagsvariabilität eine im ganzen nur schmale wirtschaftliche Basis. Die Bevölkerungszunahme lag deshalb 1966—1975 selbst bei geringer Abwanderung nur knapp über dem tunesischen Landes-Mittelwert. Eine stärkere Bevölkerungszunahme ist für 1966—1975 im Bereich der Delegation Bir Ali Ben Khalifa nachzuweisen, da sich hier um verschiedene zentrale Einrichtungen bescheidene nichtagrare Erwerbsmöglichkeiten entwickelt haben. Als wichtige agrarische Innovation bilden hier Oliven-, Mandel- und Aprikosenkulturen die Basis gestiegener Tragfähigkeit und zunehmenden Wachstums der ortsanwesenden Bevölkerung. Auch abseits dieses Steppenortes tendiert

Tabelle 7   Bevölkerungsentwicklung im südlichen Teil des Steppentieflandes 1956—1975.
              Daten auf Gebietsstand 1975 umgerechnet

Delegation	1956 absolut	1956—1966 jährlicher Zuwachs in %	1966 absolut	1966—1975 jährlicher Zuwachs in %	1975 absolut
Menzel Chaker[a]	13 900	5,1	21 000	2,5	25 800
Bir Ali Ben Khalifa	14 000	6,1	22 500	2,8	28 200
Souassi et Chorbane	44 600	1,8	52 950	2,8	66 950

[a] Die Delegation Menzel Chaker schließt das Entwicklungszentrum Bou Thadi ein.

Quellen: RECENSEMENT GÉNÉRAL DE LA POPULATION (1er février 1956). — RECENSEMENT GÉNÉRAL DE LA POPULATION ET DES LOGEMENTS (3 mai 1966). RECENSEMENT GÉNÉRAL DE LA POPULATION ET DES LOGEMENTS (8 mai 1975), Tunis, 1976, S. 175, 178, 198, 201.

die postkoloniale Raumordnungspolitik auf eine räumliche Konzentration der noch weitgehend gestreut liegenden Siedlungselemente. Ähnlich wie in den Hochsteppen bilden Verwaltungsstellen, Schulen, ärztliche Versorgungsstationen, orientiert an dem in seinen Grundzügen bereits kolonialzeitlich entstandenen Verkehrsnetz (Straßen und Eisenbahn Sfax-Gafsa) Ansatzpunkte neuer Siedlungsschwerpunkte (vgl. *Tab. 7*).

ACHENBACH (1971) zeigte an zahlreichen Beispielen, daß die älteren Olivenbestände seit 1930 durch Mandelbaumkulturen ersetzt wurden. Dieser Trend hält gegenwärtig an und führt im Randbereich zwischen Tieflandsteppen und Sahel von Sfax zu einem Intensivierungsprozeß, der sich ebenfalls in der Erhöhung der agrarischen Tragfähigkeit und der Bevölkerungsdichte niederschlägt. Eine neuere Zusammenfassung der jüngeren Entwicklungsplanung in der Souassi-Region wurde von TAUBERT & BECK (1979) vorgelegt.

Versucht man die Bevölkerung und Siedlungsentwicklung der Tieflandsteppen zusammenfassend zu beurteilen, so müssen zwei unterschiedliche Aspekte und Ursachen dieses Prozesses festgehalten werden: Zunächst resultiert das demographische Wachstum aus der zunehmend optimalen Gestaltung seiner unmittelbaren Determinanten (Geburtenüberschüsse steigen, Kindersterblichkeit sinkt aufgrund besserer medizinischer Versorgung). Andererseits verschob sich seit den Anfängen der Protektoratszeit mit Beendigung der historisch-traditionellen Auseinandersetzung zwischen Sahelbauern und Steppennomaden sowie insbesondere seit Beginn der Staatlichen Unabhängigkeit die Grenze der Sahelkulturen westwärts. Damit griffen Bodennutzungssysteme mit vergleichsweise höherer Tragfähigkeit in die Tieflandsteppen über. Die Inwertsetzung der agrarischen Wirtschaftsflächen wurde gesteigert und ermöglichte — trotz unverändert fortwirkender ökologischer Risiken — eine zwar regional differenzierte, insgesamt jedoch bedeutende Zunahme der Bevölkerung und dementsprechend eine nachhaltige Siedlungsverdichtung.

6   Siedlungen der jüngeren Seßhaftwerdung in den Steppen- und Wüstenregionen

Die bisher besprochenen Siedlungstypen lassen erkennen, daß sich ihre unterschiedlichen Erscheinungsformen und Funktionen relativ eng an die agrarwirtschaftlichen Möglichkeiten der Existenzsicherung anpassen. Damit steht der N-S-Wandel der klimageographischen Grundlagen als eine wichtige Determinante der kulturlandschaftlichen Differenzierung im Blickfeld. Noch stärker tritt dieser Aspekt im ariden Süden Tunesiens und Ostalgeriens in den Vordergrund.

Dominanter Minimumfaktor ist der Wasserhaushalt: Der Jahresgang des Niederschlags und das Grundwasserangebot spielen für die räumliche Standortwahl menschlicher Daseinsgrundfunktionen dabei eine ebenso wichtige Rolle wie die Belastbarkeit der vom Wasserangebot unmittelbar abhängigen Teilbereiche des Ökosystems. Angesichts der starken Bevölkerungszunahme limitiert das hydrologische System die wirtschaftliche Tragfähigkeit dieses Raumes in immer stärkerem Umfang. Die Bergbausiedlungen sowie die Ausweitung des nichtagrarischen Wirtschaftssektors in den Oasen bewirken nur einen begrenzten Ausgleich. Deshalb stellt die Abwanderung aus den ariden Südgebieten eine häufig wahrgenommene Entscheidungsalternative dar. Emigration ist das umfassendste Regulativ dieses demographisch überlasteten Wirtschaftsraumes. Die verschiedenen Projekte zur Schaffung neuer Arbeitsplätze (z. B. Industrieansiedlung bei Gabès und Tourismusförderung) trugen bisher nur in begrenztem Umfang zur Verbesserung der Beschäftigungssituation bei. Viele der neu errichteten Erwerbsmöglichkeiten konnten zudem nur von gut ausgebildeten Fachkräften aus dem Norden Algeriens und Tunesiens wahrgenommen werden. Für Tunesien gibt die letzte Bevölkerungszählung (1975) durch die Ausweisung von (bis zu 6 Monaten dauernder) temporärer Ortsabwesenheit einen relativ exakten Einblick in den Umfang der Abwanderung. Insbesondere wird die Migration aus den peripheren Gebieten der Wüstensteppen und Wüstenregionen in die wenigen großen Siedlungszentren (z. B. Oasenstädte) deutlich (vgl. ACHENBACH 1979). Jeder vorübergehende Ortswechsel ist als Such-Aufenthalt ein Indiz für den Wunsch zur definitiven Abwanderung. Im Beiheft zur Karte N 8 Bevölkerungsgeographie (s. AFRIKA-KARTENWERK, Beiheft N 8) werden, soweit die Datenlage verläßliche Aussagen gestattet, die Wanderungstrends besonders für Tunesien ausführlich dargestellt (vgl. PICOUET 1971 a und b; SIGNOLES 1972).

Dennoch darf aus den physisch-geographisch relevanten Minimumfaktoren keine einseitige Determinierung von Bevölkerungsverteilung und Siedlungsentwicklung in den Südgebieten abgeleitet werden. Die Gesamtbilanz der bestimmenden Faktoren wird vielmehr zusätzlich von den gesellschaftlichen Verhaltensweisen beeinflußt. Auch sie haben dazu beigetragen, das Siedlungsgefüge zu gestalten. Besondere Formen einer Anpassungsleistung an das Naturmilieu sind dabei ebenso zu beachten, wie solche diffizilen sozialen Organisationsmuster, die im Zuge ihrer Entwicklung oder Erstarrung eine optimale Inwertsetzung und Nutzung dieses Raumes nicht mehr ermöglichten. So ist in der Kulturlandschaftsgeschichte der Oasengebiete nicht zu übersehen, daß durch die Zersplitterung von Besitztiteln und Eigentumsformen die ohnehin komplizierte Nutzung des Naturhaushaltes zusätzlich belastet und damit die Tragfähigkeit insgesamt erheblich einge-

schränkt wurde. Außerdem ist zu fragen, ob die heute unter dem Vorzeichen einer spezifi-
schen Entwicklungseuphorie auf Basis juvenilen Wassers aus Tiefbrunnen betriebene Ausweitung der Oasenkultur die Chancen dieser Wirtschaftsräume langfristig erhöhen kann.
Das Zusammenspiel ökonomisch-sozialer und physischer Faktoren ist in einem ariden
Raum äußerst labil. Das Ökosystem bleibt nur dann leistungsfähig, wenn die Zielset-
zungen der wirtschaftlichen Nutzung seiner Sensibilität und Variabilität untergeord-
net werden. Diese Einsicht entbindet allerdings nicht von der Suche nach alternativen Existenzmöglichkeiten für eine in großer Zahl ins erwerbsfähige Alter eintretende Jugendli-
cher in den übervölkerten Südgebieten (SEKLANI 1976).

Bei der Analyse der Siedlungsstruktur dieser Räume müssen die Bevölkerungsentwicklung sowie die verschiedenen Wirtschafts- und Lebensformen mit in die Bewertung einbe-
zogen werden. Deshalb gliedert sich die folgende Darstellung in Anlehnung an die wichtigsten Wirtschaftsraumtypen in drei Abschnitte.

Dabei erfaßt die Sign. S 25 die verschiedenen Oasenlandschaften. Die ausgedehnten
Halbnomadengebiete, heute besser als Räume der jüngeren Seßhaftwerdung anzuspre-
chen, differenziert die Karte N 9 Siedlungsgeographie (s. AFRIKA-KARTENWERK, Blatt N 9)
in sechs Untergruppen (Sign. S 26 bis S 31). Die Regionen der südtunesischen Schichtstufen mit zeitlich weit zurückreichenden ersten Ansatzpunkten von Seßhaftigkeit im Bereich
der Ksar-Orte werden durch die Sign. S 24 ausgewiesen. Als Sondertypen sind Bergbausiedlungen und Hotelghettos zu behandeln.

6.1 Oasensiedlungen

Zu den großen Oasensiedlungen zählen neben den Djerid-, Nefzaoua- und Souf-Oasen
(Algerische Sahara) auch Gabès und Gafsa (Sign. S 25). Weitgehend basiert ihre heutige
wirtschaftliche Entwicklung noch immer auf Dattelkulturen. Bereits in numidischer und
römischer Zeit nutzten seßhafte Fellahs artesische sowie wadigebundene Grundwasseran-
gebote im südlichen Gebirgsvorland der Atlasketten, um Datteln, Getreide und Gemüse
zu erzeugen. Ohne näher auf die historische Entwicklung eingehen zu können, muß her-
vorgehoben werden, daß die nichtseßhaften Nomaden-Gruppen bis in die Gegenwart mit
der Oasenbevölkerung ein sozioökonomisches Wechselverhältnis auf Gegenseitigkeit
pflegten. Marktorientierter Warenaustausch und Verflechtungen im Bereich des Grundei-
gentums an Bewässerungsflächen gestalteten die merkantilen und sozialen Umfeldbezie-
hungen der Oasen. In begrenztem Umfang trugen aber auch andere Wirtschaftszweige
zur Blüte der Oasensiedlungen bei. Der Fernhandel hatte stets seine Niederlassungen hier.
Sowohl in Tozeur als auch in Gafsa sind ehemalige Fondouks (Karawansereien, Khane)
noch erhalten, wenn auch ihre Funktion heute auf reine Lagerhaltung abgesunken ist (vgl.
Fig. 44, Legenden-Signatur F).

Während die Bedeutung des überregionalen, transsaharischen Verkehrs an unmittelbarer Raumwirksamkeit für die Oasensiedlungen in der Gegenwart stark abgenommen hat,
strahlten vom zunehmenden Tourismus, der Zuwanderung und Seßhaftwerdung ehemali-
ger Nomaden erhebliche Strukturveränderungen auf die Siedlungsstruktur aus.

Die demographische, wirtschaftliche und siedlungsgeographische Situation wurde in
den letzten Jahren exemplarisch u. a. von SAREL-STERNBERG (1961, 1963); ATTIA (1957);

Tabelle 8   Bevölkerungsentwicklung ausgewählter Oasenstädte 1931—1975

	Gafsa	Gabès	Nefta	Tozeur	El Hamma
1931	11 750	15 600	13 000	11 600	5 100
1936	11 260	18 600	13 600	11 700	5 900
1946	11 320	22 510	14 200	12 500	7 200
1956	24 350	24 420	14 600	11 800	6 800
1966	32 400	32 300	10 400	13 900	9 800
1975	45 300	43 130	12 150	17 300	12 400

Quellen: RECENSEMENT GÉNÉRAL DE LA POPULATION ET DES LOGEMENTS (3 mai 1966). 2me fascicule. Population par division administrative. S. 64—66. — RECENSEMENT GÉNÉRAL DE LA POPULATION ET DES LOGEMENTS (8 mai 1975). Tunis, 1976, S. 141, 144, 161, 163.

Tabelle 9   Bevölkerungsentwicklung ausgewählter Delegationen der Oasenregion 1956—1975; Gebietsstand 1975

	1956	1966	1975 (population présente)
Nefta	13 400	12 150	13 450
Tozeur	13 900	16 200	20 350
Douz	17 450	20 350	22 800
Kebili	29 900	23 250	44 350

Quellen: RECENSEMENT GÉNÉRAL DE LA POPULATION (1er février 1956).— RECENSEMENT GÉNÉRAL DE LA POPULATION ET DES LOGEMENTS (3 mai 1966). — RECENSEMENT GÉNÉRAL DE LA POPULATION ET DES LOGEMENTS (8 mai 1975). Tunis, 1976, S. 141, 144, 164, 166.

ACHENBACH (1971, S. 121—134); WEHMEIER (1977 b); MENSCHING (1971); GABRIEL (1977); ARNOLD (1979) und insbesondere von SEKLANI (1976) dargestellt.

Zum Verständnis der heutigen ökonomischen und siedlungsgeographischen Entwicklungstendenzen, denen die Oasenregionen unterliegen, ist die Analyse der demographischen Daten erforderlich. Die Bevölkerungsentwicklung verzeichnet seit Beendigung der kolonialen Periode eine markante Zunahme. Sie resultiert aus Zuwanderung und steigenden Geburtenüberschüssen.

Die Bevölkerung von Gafsa verdankt ihre starke Zunahme den hier lokalisierten Verwaltungsfunktionen der Phosphat-Bergbaugebiete und des Gouvernorates, während bei Gabès die traditionellen Verkehrsströme in den Süden, jüngst auch der Tourismus, die nahe gelegene industrielle Entwicklungsregion Ghannouche sowie die Attraktivität auf Abwanderer (als Etappenort) eine wichtige Rolle spielten. Die demographische Entwicklung der Djeridoasen Nefta und Tozeur verlief langsamer. Ursache dürfte hierfür die Tatsache sein, daß die agrarische Tragfähigkeit aus ökologischen Gründen und infolge der geringen Ertragsleistung der traditionell bewirtschafteten Kulturen nicht mehr expansionsfähig ist. Jüngere Neuanpflanzungen von Dattelpalmen haben bereits zu merklichen Wasserengpässen geführt, was am Beispiel der Oase El Hamma gut beobachtbar ist. Nachteilig wirken sich auch die wenig gewandelten Sozialverhältnisse aus, die durch komplizierte, vielschichtige Eigentums-, Pacht- und Schuldtitel an Bewässerungsparzellen eine Leistungssteigerung ausschließen. Gerade deshalb ist jedoch die neueste Bevölkerungszunahme in den Oasenstädten folgenschwer. Im Mittel der Periode 1961—1969 lagen die Geburtenüberschüsse der Oasengebiete bei rund 3 % und damit höher als in den zentralen Steppengebieten Tunesiens. Außerdem setzte sich der Prozeß der Seßhaftwerdung in den ehemaligen Nomadengebieten der Gouvernorate Gafsa und Gabès fort. Schließlich bilden auch die Oasenorte u. U. längerfristige Zwischenstationen bei Wanderungsvorgängen, die in die verstädterten Gebiete Nordosttunesiens und Nordalgeriens gerichtet sind. Dabei werden historische Arbeiterwanderungen zwischen Oasen und Städten des Nordens wieder belebt (vgl. Despois 1961, S. 74).

Weist die *Tabelle 9* die Zunahme der ortsanwesenden Wohnbevölkerung aus, so läßt das Recensement von 1975 noch zwei weitere interessante Informationen über die Etappenortfunktion der Oasenhauptorte zu. Neben der Population présente (ortsanwesende Bevölkerung), wird die bei den Oasenstädten in der Regel wesentlich höhere „Population résidente" ausgewiesen, die auch diejenigen — vorwiegend männlichen — Personen erfaßt, die „vorübergehend" (bis zu 6 Monaten), wahrscheinlich bereits für einen längeren Zeitraum abgewandert, hier aber noch gemeldet sind (Wagner, 1981, S. 26).

Ein zweites Indiz der sich verstärkenden Wanderungs-Dynamik ist in der Tatsache zu sehen, daß im Zeitraum 1966—1975 das Wachstum der Bevölkerung in den Zentren („Communes" = population urbaine) wesentlich höher war, als dasjenige der Gesamtbevölkerung der einzelnen Verwaltungseinheiten (vgl. *Tab. 10*). Offensichtlich vollzieht sich damit die Wanderung anders als in den nördlichen Regionen des Tell, wo die Direktwanderung aus dem Hinterland unter Umgehung der Gouvernoratshauptorte und ähnlich großer Siedlungszentren direkt auf die verstädterten Agglomerationen an der Küste gerichtet ist.

Tabelle 10   Wachstumsraten von Zentrenbevölkerung und Gesamtbevölkerung südtunesischer Gouvernorate 1966—1975

Gouvernorat	1966 absolut	1966—1975 jährliche Zunahme in %	1975 absolut
Gabès[a]			
Gesamtbevölkerung	203 580	+ 2,7	253 250
Zentrenbevölkerung	72 150	+ 3,6	95 730
Gafsa			
Gesamtbevölkerung	192 821	+ 2,5	237 534
Zentrenbevölkerung	102 113	+ 3,8	137 164
Médénine			
Gesamtbevölkerung	242 300	+ 2,1	290 000
Zentrenbevölkerung	34 300	+ 10,3	66 330

[a]   Nur geringfügige Änderungen der Grenzen der „communes". Im Gouvernorat Gabès wurde Mareth mit 2 180 Einwohnern zwischen 1966 und 1975 zur „commune" erhoben.

Quellen: Recensement Général de la Population et des Logements (3 mai 1966). — Recensement Général de la Population et des Logements (8 mai 1975). Tunis, 1976, S. 135, 147, 159.

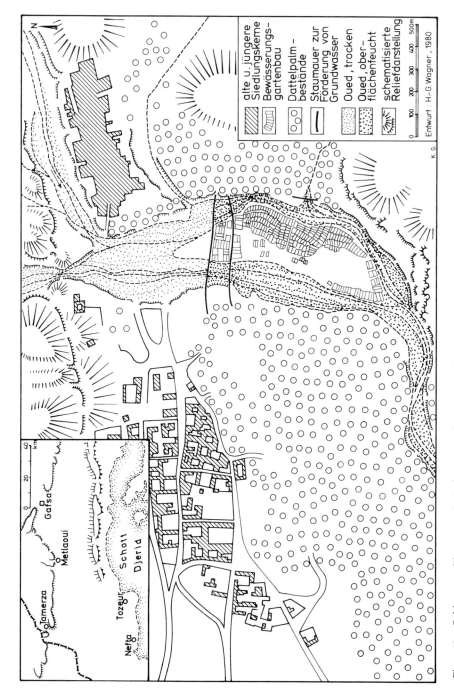

Figur 43 Gebirgsoase Tamerza in Südtunesien. Ihre Anlage richtet sich nach dem Grundwasserangebot, das aus den Sedimenten des im Jahresgang überwiegend oberflächlich trockenliegenden Oueds entnommen wird.

alte u. jüngere Siedlungskerne

Bewässerungsgartenbau

Dattelpalm-bestände

Staumauer zur Förderung von Grundwasser

Oued, trocken

Oued, oberflächenfeucht

schematisierte Reliefdarstellung

Entwurf: H.-G. Wagner, 1980

0   100   200   300   400   500 m

Soweit die datenmäßige Erfassung der Bevölkerungsentwicklung in den p e r i p h e r gelegenen Kleinoasen möglich ist (z. B. Tamerza, Chebika, Midès in der Delegation Redeyef, im westlichen Teil des Gouvernorates Gafsa), scheint dort im letztvergangenen Jahrzehnt eine aus hohen Geburtenüberschüssen und bedeutenden A b w a n d e r u n g s w e r ten resultierende Stagnation der Bevölkerungsdynamik typisch zu sein.

Versucht man die demographische Gesamtsituation der Oasensiedlungen zu beurteilen, so ist eine Expansion auf der Basis traditioneller agrarischer Produktionsmethoden aus Gründen betrieblicher und ökologischer Handicaps wohl auszuschließen. Moderne Dattelpalmenpflanzungen staatlicher Gesellschaften erbringen zwar höhere Erträge; diese stehen jedoch der Wohnbevölkerung nicht unmittelbar als Einkünfte zur Verfügung. Außerdem scheint bereits schon jetzt die Grenze der Wasserbeschaffung erreicht zu sein, so daß auch aus ökologischer Sicht die agrarische Tragfähigkeit der Oasensiedlungen kaum erweitert werden kann (WEHMEIER 1977 a).

Vergleicht man die s i e d l u n g s g e o g r a p h i s c h e Gesamtsituation der einzelnen Oasentypen, so müßten beispielhaft v i e r verschiedene Erscheinungsformen ausgegliedert werden.

Unter den ökonomisch schwierigsten Verhältnissen existieren die *Gebirgsoasen*. Sie sind in den südlichsten Ketten des Atlas (Aurès, Bergland der Nememtcha, Schichtkämme von Gafsa-Moularès) meist in den zur saharischen Senke mündenden Tälern anzutreffen. Hydrologisch wird hier der Grundwasserstau in der engen Durchbruchspforte der Gebirgskette für die oft kleinen Dattelpalmenpflanzungen nutzbar gemacht. Die Oase T a m e r z a ist eine eindrucksvolle Vertreterin dieses Typs. Aus der *Figur 43* ist ersichtlich, daß ober-

---

Legende zur Karte Funktionsräume der Oasensiedlung G a b è s (Fig. 44)

1 gute Wohnsubstanz (W_1)
2 mittlere Wohnsubstanz (W_2)
3 einfache Wohnsubstanz (W_3)

4 öffentliche Funktionen, Verwaltung
5 geistliche Funktionen (Moschee)

6 mittelfristiges Warenangebot
7 Lebensmittel
8 Textilien   } einfache Läden
9 Hausrat
10 Werkstätten
11 KfZ-Reparatur

12 Restaurant
13 Hotel
14 ehem. Fondouk (Khan), heute Lagerräume
15 Lagerfläche für Gewerbe

16 Oasengärten

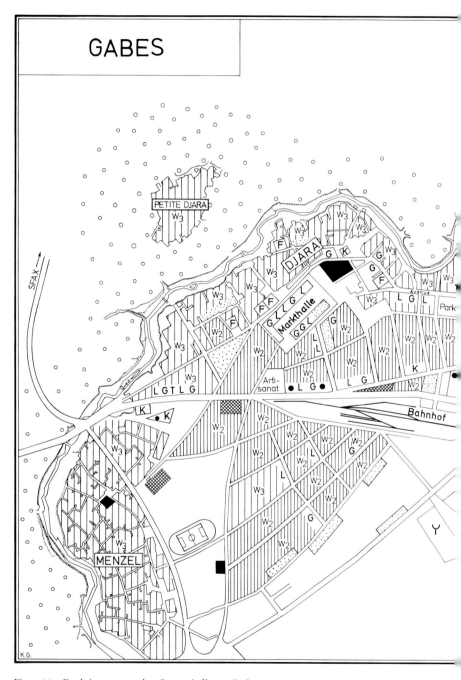

Figur 44   Funktionsräume der Oasensiedlung G a b è s (1976).

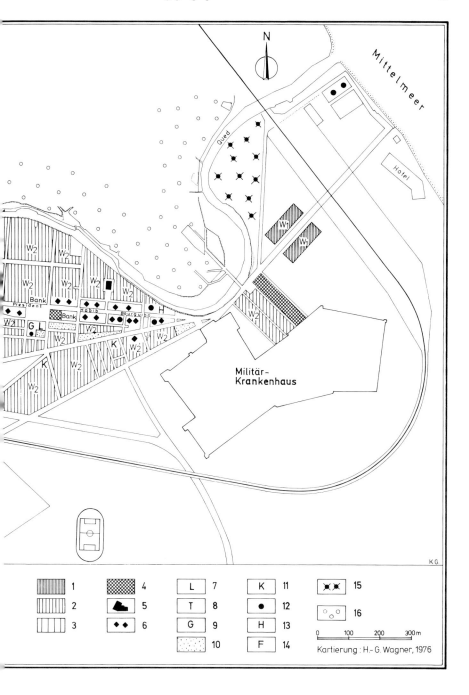

	1		4	L	7	K	11		15
	2		5	T	8	●	12		16
	3	◆◆	6	G	9	H	13		
					10	F	14		

0 100 200 300 m

Kartierung : H.- G. Wagner, 1976

Figur 45   Zentralort der Oasengruppe von El Oued mit Blick auf Moscheen, Souks, Verwaltungs-
gebäude. Im Hintergrund Randdünen des östlichen Erg. Februar 1969.

Figur 46   Handel, Warenlagerung und Handwerk haben das Wirtschaftsgefüge der Souf-Oasen
stets ebenso bestimmt wie die arbeitsaufwendige Dattelpalmenkultur. Das Bild zeigt kleine Werkstätten am Rand der Souks von El Oued. Februar 1969.

Figur 47   El Oued. Das starke Bevölkerungswachstum macht Neusiedlungen notwendig, die am Rand der Oasensiedlung in quartiermäßiger Anordnung entstehen. Februar 1969.

flächlicher Abfluß oder bei Trockenheit oberflächennahes Grundwasser des Oued Horchane durch Dammbauten quer zur Fließrichtung in die Palmengärten abgeleitet wird. Die verkehrsmäßige Abseitslage Tamerzas und der Mangel an außeragrarischen Erwerbsmöglichkeiten haben die Abwanderung gerade in den Gebirgsoasen vehement gefördert.

Die wesentlich größeren Oasen-Städte des *Djerid*, der Region El Oued-Touggourt sowie Gafsa und Gabès zeichnen sich durch eine stärkere funktionalräumliche D i f f e r e n - z i e r u n g aus. Die Oasen-Stadt G a b è s (*Fig. 44*) zeigt diesen Sachverhalt deutlich. Den drei traditionellen Siedlungskernen Djara, Petite Djara und Menzel stehen ein kolonialzeitliches Quartier und umfangreiche jüngere Neubaugebiete gegenüber. Verwaltungsfunktionen, die vielseitige Zentralität des Versorgungsangebotes, hohe Zu- und Durchgangswanderung, der Tourismus sowie das sich entwickelnde Industriegebiet von Ghannouche nördlich der Oase (vgl. Arnold 1979, S. 101—107) haben neben der Oasenwirtschaft weitere Erwerbsbranchen entstehen lassen, die das Sozialgefüge der Bevölkerung zunehmend variieren. Achenbach (1971, S. 121—134) hat die agrarischen Grundlagen von Gabès näher untersucht und dabei auf die kritische Grenze der Inwertsetzung hingewiesen.

Zu einem funktional ähnlichen Typ wie Gabès und die Djeridoasen (Tozeur, Nefta) sind die Souf-Oasen zu zählen. Deren Hauptort El Oued hat stets vom Trans-Sahara-Verkehr profitiert. Starke Bevölkerungszunahme hat auch hier eine siedlungsmäßige Ausdehnung bewirkt. Gleichzeitig wurden die Grenzen der hydrologischen und agrarischen Leistungsfähigkeit seit langem sichtbar. Die *Figuren 45—48* geben einen Eindruck von der baulichen Gestaltung dieser Oasengruppe am N-Rand des großen Erg.

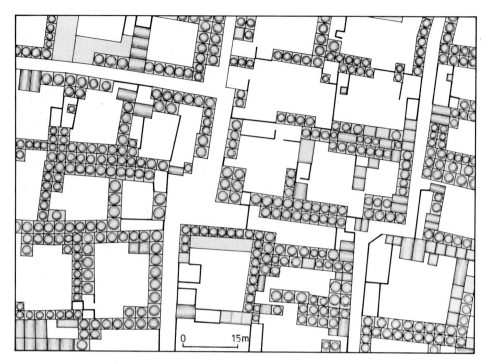

Figur 48   Die aus einem Luftbild entwickelte Skizze zeigt das zentrale Wohnquartier von E l O u e d
mit den für die Souf-Oasen typischen Rundkuppeldächern.

Ein d r i t t e r Oasentyp, der freilich im Bereich des hier zu behandelnden Kartenblattes
selten ist, befindet sich lagemäßig stets unmittelbar am *Gebirgsrand*. Das Luftbild von El
Guettar östlich Gafsa (*Fig. 49*) läßt zwischen Straße und Palmenoase die reihenartig angelegten Fogghara-Systeme erkennen, in denen das Grundwasser aus den Schutt- und
Schotterfächern abgeleitet und den Bewässerungsflächen zugeführt wird.

Der v i e r t e Oasentyp, der südlich des Chott Djerid im *Nefzaoua*-Bereich gelegen
(Douz, Kebili, Zaafrane), gründet seine Existenz auf artesische Brunnenanlagen, die in
den beiden vergangenen Jahrzehnten durch zahlreiche Tiefbrunnen ergänzt wurden. Die
Erschließung z. T. fossilen Wassers hat die Lebens- und Wirtschaftsbasis dieser Oasengruppe erheblich erweitert. Noch offen ist allerdings die hydrogeologisch wichtige Frage,
ob die starke Wasserentnahme auch in Zukunft unbegrenzt fortgesetzt werden kann
(WEHMEIER 1977 b). Moderne Dattelpalmpflanzungen wurden seit Beginn der 60er Jahre
angelegt (*Fig. 50*). In einer ausführlichen Studie hat SAREL-STERNBERG bereits 1963
(S. 123—133) den sozio-ökonomischen Wandel der nomadischen Bevölkerung in der
Nefzaoua-Region dargestellt. Der seinerzeit in Gang gekommene Vorgang der Seßhaftwerdung hat sich fortgesetzt (*Fig. 51*), so daß seit 1956 mit einem Zuwachs der Bevölke-

Figur 49 Oasensiedlung El Guettar östlich von Gafsa. Zwischen Straße und Palmengärten sind die Brunnenreihen des Fogghara-Systems erkennbar, die Grundwasser aus den Gebirgsfuß-Schuttfächern sammeln und in die Oasengärten leiten. Luftbild 1963 — CXXVII — 250-001. © République Tunisienne. Freigabe durch Le Président Directeur Général de l'Office de la Topographie et de la Cartographie vom 17. 11. 1980.

Figur 50   O a s e   D o u z   im Bereich der Nefzaoua-Oasen. Neupflanzung von Dattelpalmen auf Basis von Bewässerung aus Tiefbrunnen. April 1968.

Figur 51   Die verschiedenen Phasen der Seßhaftwerdung zeigt dieses Bild aus der O a s e   D o u z : Zelt, Lehmgourbi, Steinhaus. April 1968.

Figur 52   Bergsiedlung S a k k e t am Dj. O r b a t a östlich von Gafsa. Die in den Fußbereich einer Schichtrippe verlegte und stark vergrößerte Siedlung basiert agrarwirtschaftlich auf Bewässerung durch diffizil reliefangepaßte Lenkung des Oberflächenabflusses (Djessurtechnik). Oktober 1965.

rung innerhalb der Delegationen von Kebili und Douz zwischen 25 % und 30 % zu rechnen ist (vgl. *Tab. 9*). Es zeigt sich allerdings, daß die Festansiedlung die winterliche Wanderung in südlichere Gebiete nicht ausschließt; so liegt es nahe, von einer Art Halb-Seßhaftigkeit zu sprechen.

6.2 Gebiete mit jüngerer Seßhaftwerdung

Die Vielfalt der Siedlungsformen in den Räumen junger Seßhaftwerdung resultiert aus den zahlreichen Ü b e r g a n g s p h a s e n zwischen Voll-, Halbnomadismus und der Errichtung von Dauerwohnplätzen. Die Spannweite dieser unterschiedlichen sozialökonomischen Verhaltensweisen selbst ist indes als ein Indiz dafür aufzufassen, daß ein grundlegender Wandel der Siedlungsstruktur in seine abschließende Entwicklung eingetreten ist (*Sign. S 26 — S 31*). Seit Beginn der Protektoratszeit machten sich mit der beginnenden Befriedung zwischen Djeffara-Nomaden und berberisch-bäuerlichen Gruppen im Bereich der südtunesischen Schichtstufen Anfänge dieses Prozesses bemerkbar, der nach Erlangung der staatlichen Unabhängigkeit verstärkt fortgesetzt wurde und seinen bedeutendsten Umfang seit 1966 erlangt hat.

In den randlichen Niederungen der Chotts ist dieser Vorgang anschaulich erkennbar. Er wird jüngst dadurch dokumentiert, daß in der Nähe der seit längerer Zeit stationären Zeltgruppen von den staatlichen Behörden Material zur Errichtung fester Hütten in Ei-

Figur 53   Ein großer Teil der auf Spornen und Trauf der südtunesischen Schichtstufen errichteten burgartigen Ksarsiedlungen ist von seiner Bevölkerung verlassen, die sich im Vorland neu angesiedelt hat. Das Bild zeigt die Ksar-Siedlung C h e n i n i bei F o u m T a t a o u i n e. Oktober 1965.

genbauweise bereitgestellt wird, wie im Bereich zwischen Gafsa und Gabès 1976 zu beobachten war. In der Regel wird die Viehhaltung, organisiert als eine Art Fernweidewirtschaft, als wichtigste Erwerbsgrundlage weitergeführt, während die Getreide-Trockenfeldbau-Flächen auf den Glacis der Schichtstufen am Rand der Chotts im Rahmen des meridionalen ökologischen Risiko-Zuwachses zu ausgedehnterer Bewirtschaftung als früher herangezogen werden (vgl. MENSCHING 1979, S. 203, Karte, S. 218). Bleibt in diesen Gebieten der hohe Grad an Streusiedlung erhalten, so verdichtet er sich in der Nähe neu errichteter Schulen und unterer Verwaltungsstellen bereits zum Typ der Schwarmsiedlung. Ein Teil der ehemaligen Halbnomaden wird in unmittelbarer Nähe der Oasen ansässig und ordnet sich peripher in den dortigen Wirtschaftskreislauf ein, wobei die Schulpflicht einerseits, die traditionellen Bindungen der Nomaden zu Bodeneigentum in den Oasen andererseits ausschlaggebend sind.

Eine nicht unbedeutende Bevölkerungszunahme verzeichnen auch die Siedlungsgebiete der ethnisch auf berberischem Ursprung basierenden bäuerlichen Gruppen am D j e b e l O r b a t a östlich von Gafsa (*Fig. 52*) und besonders am Fuß der südtunesischen S c h i c h t s t u f e n. Hier hat sich die Ausweitung des altüberlieferten Systems der Djessur-Kultur, bei dem Oberflächenwasser durch Dammbauten gestaut und dadurch den Anbauflächen zugeleitet wird, als hinreichend tragfähig erwiesen (vgl. *Sign. A 21 b* der Karte N 11 Agrargeographie, s. AFRIKA-KARTENWERK, Blatt N 11). Die Siedlungsflächen dieses Bereiches wurden am Fuß der fast entvölkerten Höhensiedlungen stark ausgedehnt und haben auch früher halbnomadische Gruppen aufgenommen.

Eine ähnliche Entwicklung ist im Nahbereich der geschichtlich alten Ksar-Orte im Schichtstufengebiet Südtunesiens zu beobachten (*Fig. 53*). Nicht nur die Verlagerung der Siedlungsschwerpunkte aus den befestigten, burgähnlichen Bergstädten ins Vorland, sondern auch eine starke Zunahme der hier seßhaften Bevölkerung durch hohe Geburtenüberschüsse und Zuwanderung aus der Djeffara-Steppe sind Anzeichen einer sich schnell vollziehenden Änderung der Siedlungsstruktur dieses Raumes.

Besonders starke Zunahme der Wohnbevölkerung verzeichnen die am Fuß der Schichtstufe liegenden, ursprünglich kleinen Verwaltungsorte, z. B. Foum Tataouine. Auch Ben Gardane und Médénine nehmen an dieser Entwicklung teil (vgl. *Tab. 11*).

Bei diesen Beobachtungen stellt sich die Frage nach der Erwerbsgrundlage der hier ansässig gewordenen Bevölkerung. Sind bei Foum Tataouine zweifellos Gruppen anzutreffen, die als Seßhafte noch Weidewirtschaft betreiben, so überwiegen in Médénine unter den jüngst Zugezogenen solche Personen, die sich von einer agrarischen Existenzbasis bereits gelöst haben und eine Weiterwanderung in die Stadtregionen des Nordens anstreben. Auch vor dieser jüngsten Entwicklung bestanden Migrationsbeziehungen zwischen den Siedlungsgebieten des Südens und den Städten im Norden Tunesiens und Algeriens. Spezialisierte Berufsbranchen wie Zeitungsverkäufer, Schuhputzer, Zuckerbäcker und bestimmter einfacher Handelsarten wurden dort stets von Angehörigen der gleichen Siedlungs- und Dorfgemeinschaften ausgeübt.

Statistische Anhaltspunkte zum quantitativen Umfang der Abwanderung werden auf Grundlage des Recensements von 1975 im Beiheft zur Karte N 8 Bevölkerungsgeographie (vgl. Afrika-Kartenwerk, Blatt N 8) gegeben (vgl. dort *Tab. 40, 41* und *Fig. 10*).

Eine ausführliche Situationsanalyse der siedlungsgeographischen Wandlungen im Bereich der südtunesischen Schichtstufenlandschaft gibt Mensching (1963). Jüngst legte Louis eine umfassende siedlungsgeographische Analyse des Schichtstufengebietes vor (1976).

In der Karte Siedlungsgeographie (vgl. Afrika-Kartenwerk, Blatt N 9) wird versucht, Gesichtspunkte der geoökologischen Ausstattung und des Intensitätsgrades der erreichten Dauersiedlungstätigkeit zu kombinieren. Die durch *Sign. S 26* gekennzeichneten Flächen

Tabelle 11   Zunahme der Wohnbevölkerung in den Zentralen Orten des Gouvernorates Médénine 1931—1975

	Foum Tataouine	Médénine	Ben Gardane
1931	1 200	1 700	1 600
1936	1 250	1 500	1 400
1946	1 400	1 600	1 700
1956	2 600	5 300	2 100
1966	4 700	7 900	5 200
1975	10 700	16 700	6 400

Quellen: Recensement Général de la Population et des Logements (3 mai 1966). 2me fascicule. Population par Division administrative. S. 64—66. — Recensement Général de la Population et des Logements (8 mai 1975). Tunis, 1976, S. 148, 153, 154.

gehören zum Übergangsbereich zwischen Hoch- und Tieflandsteppen mit Halfaflu-
ren einerseits, zu den Wüstensteppengebieten andererseits. Hier ist der Anteil von seßhafter Bevölkerung bereits sehr hoch. In Neusiedlungen versucht man die bislang in
Streulage fixierten Gehöfte räumlich zu konzentrieren, um Siedlungseinheiten mit leistungsfähigen zentralen Versorgungsfunktionen entwickeln zu können. Vielfach bildeten
auch hier Schulen einen ersten Ansatzpunkt für eine kontinuierliche Anwesenheit.
Sign. *S 27* kennzeichnet relativ kleine Gebiete, in denen auf Grundlage von abgeleitetem
Flußwasser episodischer Getreidebau betrieben wird, während die Viehhaltung ihren
Standort jahreszeitlich wechselt. Die jüngsten Vorgänge planmäßig betriebener Festansiedlung, meist noch in Streulage, teilweise aber auch schon räumlich konzentriert, werden durch die *Sign. S 28* erfaßt. Halbnomadische Wirtschaftsformen sind, abgestuft
nach der Nutzungsdichte noch im Bereich der *Sign. S 29* und *S 30* verbreitet.

Strebt man eine Gesamtbeurteilung von Siedlungsweisen, Wirtschaftsformen und
Bevölkerungsentwicklung im ariden Süden des hier zu besprechenden Kartenblattes außerhalb der Oasen an, so erweisen sich folgende Kriterien als bedeutungsvoll:

Bevölkerungszunahme und fortschreitende Seßhaftigkeit führen an die
Grenze der Belastbarkeit des geo-ökologischen Systems. Die Aufrechterhaltung einer
räumlich stärker flexiblen, halbnomadisch oder transhumant betriebenen Weidewirtschaft
dürfte — sofern die Bevölkerungsdichte nur unwesentlich angestiegen ist — der hohen
Variabilität des hygrischen Regimes dieses Raumes besser entsprechen. Diese Möglichkeit
wird jedoch von der Tatsache stark eingeschränkt, daß es bis jetzt nicht gelungen ist,
außeragrarische Existenzmöglichkeiten in größerem Umfang neu zu schaffen. Wenn in
den Oasensiedlungen während der beiden letzten Jahrzehnte auch neue Erwerbsmöglich-
keiten angeboten werden konnten, so ist dennoch ihre Entwicklungsfähigkeit begrenzt.
Folglich bleiben als allerdings nur schwierig zu steuerndes Regulativ die Reduzierung des
Geburtenüberschusses und die spontane Abwanderung. Letztere bedeutet allerdings — auf
Tunesien insgesamt bezogen — nur eine räumliche Verlagerung des Problems (ACHEN-
BACH 1979). Für den hier zu besprechenden Blattanteil Algeriens (Wüstensteppen- und
Wüstenregion) scheint die angedeutete Fragestellung weniger schwerwiegend zu sein, da
innerhalb des gesamten staatlichen Wirtschaftsgebietes Ausgleichsräume mit schnellerem
Entwicklungsfortschritt existieren. ARNOLD (1979, S. 32) beurteilt jedoch die sozio-ökono-
mische Situation auch für die peripheren Agrargebiete Algeriens negativ und wenig chan-
cenreich.

6.3 Bergbausiedlungen

Von den bisher analysierten Siedlungstypen des ariden Südens weichen zwei weitere ab,
die sich durch eine jeweils spezifische historische und wirtschaftsräumliche Entwicklung
auszeichnen. Flächenmäßig besitzen sie zwar nur geringe Ausdehnung, ihre wirtschaftliche Bedeutung überragt jedoch diejenige der oben behandelten Siedlungen. In den Phos-
phatbergbaugebieten westlich von Gafsa konzentriert sich seit etwa 1900 nicht-
autochthone Bevölkerung. Sie wurde vor 1956 vorwiegend von Marokkanern, Libyern
und Zuwanderern aus den algerischen Souf-Oasen gebildet.

Figur 54   Bergbausiedlung M o u l a r è s westlich von G a f s a. Das Bild zeigt vor Phosphat-Aufberei-
tungsanlagen Neubau-Wohnquartiere, die teilweise von staatlichen Institutionen teilweise von der
Minen-Gesellschaft errichtet werden. April 1976.

Figur 55   Bergbausiedlung am Dj. O u e n z a in Ostalgerien. Spontan errichtete Lehmhüttensiedlungen zeugen von starker Zuwanderung. März 1969.

Nach Beginn der staatlichen Unabhängigkeit dominierten zunehmend Tunesier (vgl. BOUHDIBA 1968; SEKLANI 1970, 1976). Dem sich ausweitenden Phosphatabbau, der steigenden Zentralität und der verbesserten Infrastrukturausstattung entspricht die beachtliche Bevölkerungszunahme (vgl. Tab. 42 im Beiheft zur Bevölkerungskarte, s. AFRIKA-KARTENWERK, Blatt N 8). Sie resultiert offensichtlich nicht nur aus Wanderungsgewinnen, sondern auch aus steigenden Geburtenüberschüssen. Bei der hohen Gesamtmenge von ortsanwesender Bevölkerung sind gleichzeitige Wanderungsverluste verständlich. ARNOLD hat mit der Bewertung der wirtschaftlichen Aspekte auch die siedlungsgeographische Situation der Bergbausiedlungen eingehend beleuchtet (1979, S. 145—157). Insbesondere skizziert er die Genese der einzelnen Phosphatreviere im Gouvernorat Gafsa sowie Ouenza in Ostalgerien. Verwiesen sei auf die bei ARNOLD veröffentlichten Strukturkarten der einzelnen Minengebiete, die nicht nur einen Einblick in das Standortgefüge des Bergbaus vermitteln, sondern auch darstellen, wie die ethnische und soziale Gliederung der Beschäftigten zu einer ursprünglich klaren Quartiers-Gliederung der Wohnbevölkerung geführt hatten. Obwohl diese Unterschiede in der postkolonialen Periode verblaßt sind, trägt die Differenzierung nach Wohnvierteln dennoch zur Vielseitigkeit der räumlichen Ordnung in den Bergbausiedlungen bei. Wie eingehende Beobachtungen und Kartierungen zeigten, ist zwar die ethnische Polarisierung heute nicht mehr strukturbestimmend; stattdessen ist die räumliche Ausprägung der sozialen und einkommensmäßigen Differenzierung in den Vordergrund getreten. Sie macht sich in einer räumlichen Segregation der einzelnen Sozialgruppen im Wohnbereich der Siedlungen bemerkbar. Zur weiteren Information über die Siedlungsstruktur der Bergbaugebiete sei auf folgende Arbeiten verwiesen: SUTER 1960 a und b; BOUHDIBA 1968; BRUNET 1958; SEKLANI 1970; DAMETTE-GROUPE HUIT 1970; MENSCHING 1979, S. 205—206; WAGNER 1971 b.

Die wichtigste Veränderung räumlicher und sozialer Ordnungsmuster der Bergbausiedlungen in Südtunesien resultiert aus der starken Bevölkerungszunahme im Verlauf der beiden zurückliegenden Jahrzehnte. Ebenso wie die großen Oasenstädte profitieren die Minenregionen von wachsender Zuwanderung, deren Wurzeln jedoch überwiegend regionalen Zuschnitts sind. Folgt man DAMETTE-GROUPE HUIT (1970, S. 189), so stammte gegen Ende der 60er Jahre die Hälfte der Beschäftigten aus dem Gouvernorat Gafsa. Etwas mehr als ein Drittel der hier tätigen Arbeitskräfte war in den Bergbaustädten selbst geboren. Knapp über 10 % kamen aus anderen Regionen Tunesiens. Auf den Gebietsstand von 1975 umgerechnet zeigt die Bevölkerungsentwicklung der Bergbau-Delegationen eine Verdoppelung seit 1956 (vgl. *Tab. 42* im Beiheft zur Bevölkerungskarte, s. AFRIKA-KARTENWERK, Beiheft N 8). Folge dieser steigenden Einwohnerzahlen ist die Expansion der Wohnquartiere in allen Bergbausiedlungen. Planmäßig angelegte Betriebswohnungen, staatlicher Wohnungsbau (*Fig. 54*) stehen dabei neben spontanem Eigenbau von Lehmgourbis (*Fig. 55*).

6.4 Djerba

Eine Sonderstellung nimmt die Siedlungsstruktur der Insel Djerba sowie der nahen Festlandregion von Zarzis ein (MENSCHING 1979, S. 238—242; KLUG 1973; SUTER 1960 c). Die naturgeographischen Grundlagen sind nicht wesentlich günstiger als im Festlandbereich der Litoralzone. Lediglich die Luftfeuchtigkeit erreicht etwas höhere Werte. So ist die kulturlandschaftliche Entwicklung ein Ergebnis der wirtschaftlichen Aktivität einer ethnisch-religiös eigenständigen Gruppe in der Bevölkerung Tunesiens mit berberischer Herkunft. Freilich lagen in historischer Zeit die wichtigsten Erwerbsquellen nie allein auf der Insel selbst. Djerbis waren und sind auch heute noch in allen Zweigen des Groß- und Einzelhandels und Warenverkehrs im ganzen Land, darüber hinaus auch in anderen Regionen des Maghreb tätig.

KLUG hat (1973) gezeigt, daß diese traditionellen Beziehungen nach Abklingen der Kollektivierungswelle im Dienstleistungssektor fortleben. Allerdings nehmen die Fälle von definitiver Abwanderung zu. Die hohe Bevölkerungsdichte auf Djerba basiert heute auf drei Wirtschaftsbereichen. Die nach wie vor hohen Einkünfte von außerhalb der Insel ausgeübten beruflichen Tätigkeiten (Handel) bilden die wichtigste Grundlage. Die landwirtschaftliche Bodennutzung verfügt infolge hochentwickelter Bewässerungstechnik über eine mit Oasen vergleichbare Tragfähigkeit. Seit etwa zwanzig Jahren führt der expandierende Massentourismus zu einer Ausweitung der Erwerbsmöglichkeiten. Deshalb wird die vorübergehende Ortsabwesenheit der Djerbis als Händler heute bereits von Wanderungsüberschüssen ausgeglichen, die von saisonal zugezogenen Beschäftigten im Fremdenverkehrsgewerbe verursacht werden. Auf Grund der beiden erstgenannten ökonomischen Aktivitäten hat sich auf Djerba eine sehr dichte Streusiedlung entwickelt, die vom Typ her dem Gartenstadtgürtel von Sfax ähnlich, jedoch insgesamt weitmaschiger ist (*Sign. S 18*). Die Trinkwassergewinnung durch Brunnenanlagen war bis zur Verlegung einer Versorgungsleitung vom Festland her bei fehlendem Oberflächen-Gewässernetz sicher eine entscheidende Ursache für die Anlage eines Streusiedlungsnetzes. Die wenigen Zentralen Orte verdanken ihre Genese sowohl merkantilen Funktionen (Houmt Souk — Djerba) als auch ihrer religiösen Sonderstellung (Hara Kebira, Hara Srira). Ferienhaussiedlungen und Hotelghettos führten in jüngerer Zeit zu einer dualistischen, polarisierten Entwicklung der Siedlungsstruktur auf der Insel Djerba.

7 Veränderung des Siedlungsgefüges: Verstädterung

Das Siedlungsgefüge Tunesiens und Ostalgeriens unterliegt zunehmender Verstädterung. Diese Feststellung ist aus der Ausdehnung städtischer und suburbaner Flächennutzung abzuleiten. Fast ausnahmslos verzeichnen die kommunalen Gebiete seit 1960 ein starkes Wachstum ihrer Bausubstanz für Wohnnutzung und Gewerbe. Sowohl staatliche Neubau-Programme wie die fast unübersehbare spontane Aktivität von Zuwanderern am Rand der Stadtregionen haben große, ehemals z. T. agrarische Flächen in suburbane Siedlungsfunktionen übergeführt. Durch zahlreiche „Degourbifications-Projekte" wurde seitens der öffentlichen Raumordnungsbehörden immer wieder versucht, das Wachstum der Städte in geordnete Bahnen zu leiten. MESKALDJI & EL-HADEUF (1979) haben kürzlich unter Leitung von COTE die ostalgerische Metropole Constantine vorwiegend hinsichtlich ihrer peripheren Wachstumstrends (Bidonville-, Gourbiville-Quartiere) untersucht. Ihre Analyse zeigt, daß ein hoher Differenzierungsgrad erforderlich ist, um die soziale, ökonomi-

Figur 56   Constantine. Bidonvilles, Gourbis, aber auch sozialer Wohnungsbau am Rand von Stadtregionen sind typische Formen peripherer Verstädterung (Suburbanisierung). März 1969.

Figur 57   Tunis-Manouba. Relativ geordnete spontane Stadterweiterung in einem Wohnquartier am Westrand der Medina von Tunis zeigt den Versuch der städtischen Behörden, die Folgen der Zuwanderung zu steuern. Luftbild TU 032/70-567. © République Tunisienne. Freigabe durch Le Président Directeur Général de l'Office de la Topographie et de la Cartographie vom 17. 11. 1980.

sche und bauliche Variationsbreite der suburbanen Stadterweiterungen erfassen zu können. Die Einwohnerzahl Constantines ist von 110 000 (1954) auf 360 000 (1977) angestiegen. Diese Verdreifachung entspricht dem algerischen Mittelwert der Zunahme kommunaler Bevölkerung. Mag am Zustandekommen dieses Faktors auch in gewissem Umfang die Verlegung von Gemeindegrenzen und die Erhebung ländlich-agrarischer Siedlungen zu Städten beteiligt sein, so bleibt doch für alle städtischen Siedlungsgebiete des Kartenblattes die hohe Z u w a n d e r u n g s attraktivität charakteristisch.

Eine detaillierte Untersuchung eines schnell wachsenden Vorortes von T u n i s wurde kürzlich von F. FAKHFAKH (1977) vorgelegt. In dieser Arbeit wird der Verstädterungsvorgang in zahlreiche Einzelfunktionen aufgegliedert. Die Autorin zeigt die zunehmende Abhängigkeit der Randgemeinde A r i a n a als Wohnort und umgekehrt hinsichtlich des Arbeitsplatzangebotes von der Kernstadt Tunis. Außerdem wird die Herkunft der Zuwanderer beleuchtet und deren doppelte Provenienz erläutert: Sie stammen einerseits aus der Kernstadt (Mittel- und Oberschicht), andererseits aus ländlich-agrarischen Gebieten außerhalb des Großraumes Tunis (soziale Unterschicht). Die *Figuren 56* und *57* repräsentieren drei typische Formen jüngerer Erweiterungen am Rand von Stadtregionen.

Aber auch das Gefüge k l e i n e r Städte hat sich unter dem Einfluß des demographischen Wachstums stark verändert. B'CHIR widmete dem Phänomen des „Gourbiville" in den mittelgroßen Städten Tunesiens eine Studie (1972). ARNOLD zeigte am Beispiel der Städte Batna und Guelma in Ostalgerien, wie ihre planerische Einstufung als „Entwicklungspole" industrielles Wachstum und Migrationsgewinne auslöste (1979, S. 132—138).

Für Tunesien läßt sich auf Basis des Recensements von 1975 zeigen, daß die Bevölkerung in den Siedlungsgebieten mit Kommunal-Verfassung stärker zugenommen hat als in rein ländlichen Gebieten. Vom Gesamtzuwachs der Bevölkerung in Tunesien (1966 = 4 533 000 auf 1975 = 5 588 000, also 1 055 000) entfallen ca. 768 000 auf 1966 bereits bestehende „Communes", 151 000 auf nach 1966 **neu** errichtete Communes und nur 120 000 auf nicht-kommunale Gebiete. Diese Daten zeigen, daß die bereits vor 1966 mit Munizipalverfassung ausgestatteten Stadtregionen Tunesiens etwa 75 % des zwischen 1966 und 1975 erfolgten Bevölkerungszuwachses vorwiegend über W a n d e r u n g s g e w i n n e auf sich konzentriert haben. Die räumliche Verteilung der Verstädterungs-Gewinne war Gegenstand zahlreicher Untersuchungen, auf denen die in *Figur 58* und *Figur 59* zusammengefaßten Karten inhaltlich beruhen.

Interpretiert man beide Karten und vergleicht diese Befunde mit den Ergebnissen der unten noch anzuführenden Literatur, so wird deutlich: Sowohl in Ostalgerien als auch in Tunesien liegt zwar eine hohe Gesamtzunahme an kommunaler Bevölkerung vor. Diese Rate v e r t e i l t sich jedoch relativ ausgewogen auf zahlreiche ältere und jüngere urbane Siedlungskerne. Die Wachstumswerte konzentrieren sich nicht — wie in anderen Ländern mit nachholender Entwicklung — auf nur vereinzelte, wenige Großzentren (vgl. MERTINS 1978). Innerhalb des Kartenblattes verzeichnen zweifellos Annaba, Skikda und Constantine die höchsten Wanderungsgewinne. In Tunesien bedingt jedoch das historisch entwickelte vielkernige Städtenetz (STAMBOULI & ZGHAL 1974) eine als günstig zu bezeichnende ausgewogene Verteilung der Zuwachswerte urbaner Siedlungsräume (GROUPE HUIT 1971). Im Zusammenhang mit der Darstellung der Wanderungsprozesse (Beiheft zur Bevölkerungskarte, s. AFRIKA-KARTENWERK, Beiheft N 8) konnte ebenfalls festgehalten wer-

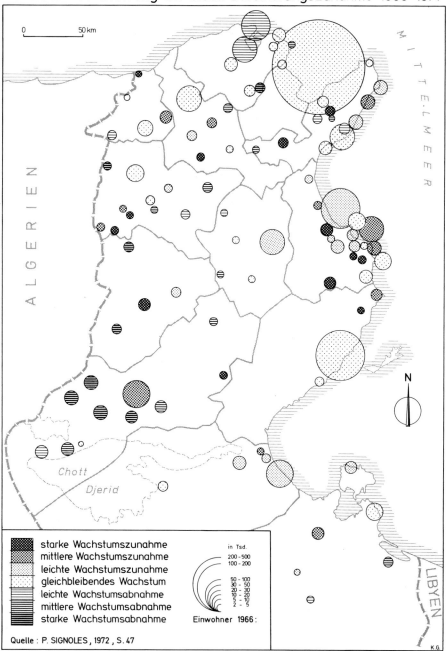

TUNESIEN - Veränderung der städt. Bevölkerungszunahme 1956-1971

0   50 km

starke Wachstumszunahme
mittlere Wachstumszunahme
leichte Wachstumszunahme
gleichbleibendes Wachstum
leichte Wachstumsabnahme
mittlere Wachstumsabnahme
starke Wachstumsabnahme

in Tsd.
200 - 500
100 - 200

50 - 100
30 - 50
20 - 30
10 - 20
5 - 10
2 - 5

Einwohner 1966 :

Quelle : P. SIGNOLES , 1972 , S. 47

K.G.

Figur 58   Tunesien. Veränderung der Zunahme der städtischen Bevölkerung 1956—1971.

TUNESIEN : Zunahme des Verstädterungsgrades 1966-1975

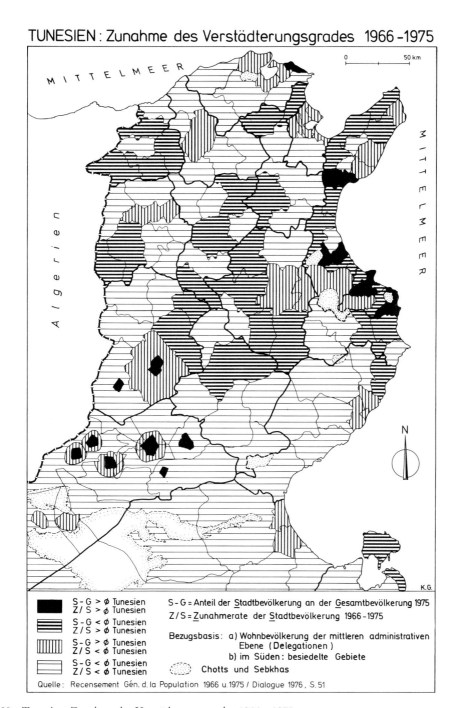

Figur 59   Tunesien. Zunahme des Verstädterungsgrades 1966—1975.

den, daß im Vergleich zu anderen Ländern der Dritten Welt die Migrationsvorgänge in Tunesien wesentlich geringere negative Folgeprobleme für die wirtschafts- und siedlungsräumliche Organisation verursachen. Obwohl der Großraum Tunis im Verlauf der zurückliegenden zwei Jahrzehnte einen bedeutenden Zuwachs an wirtschaftlichem Potential und dementsprechend eine fortschreitende Differenzierung seiner Bausubstanzflächen verzeichnete, ist doch als Fazit festzuhalten, daß das Siedlungssystem des Landes insgesamt vergleichsweise nur abgeschwächt Merkmale regional-ökonomischer Disparitäten aufzuweisen hat.

Bevölkerungsentwicklung, Migration und Wachstum gewerblich-industrieller Wirtschaftszweige als integrale Ursache der Verstädterung behandeln für Tunesien SIGNOLES (1972), PICOUET (1970, 1971 a, 1971 b), MIOSSEC & HUIDI (1976), WAGNER (1979), TREBOUS (1970), sowie PRENANT (1976, 1978) für Algerien. Auch ARNOLD (1979) nimmt zu diesem Fragenkreis Stellung. Spezielle Fragen der Verstädterung sind Gegenstand der Arbeiten von MANSOUR (1977), SIGNOLES (1973), STAMBOULI (1967), M. FAKHFAKH (1978). Hinzuweisen ist auf die Themenbände zum Problem der Urbanisierung im Maghreb von TROIN (1978) und die Sammelveröffentlichung von Versch. Verfassern (1974). Eine detaillierte Studie zur räumlichen Stadtforschung legte die GROUPE HUIT (1971) vor. Verstädterung verursacht Folgemaßnahmen zur Neuordnung oder Anpassung der Raumorganisation. Darauf verweisen SIGNOLES (1978) und MIOSSEC & SIGNOLES (1978).

Abschluß des Manuskriptes: April 1980.

Literaturverzeichnis

Aus der umfangreichen Literatur zur Siedlungsgeographie des Maghreb werden hier nur ausgewählte, im Text zitierte Titel zusammengestellt.

Abkürzungen

Rev. Tun. Sci. Soc.   = Revue Tunisienne des Sciences Sociales. Tunis.
CERES   = Centre d'Études et de Recherches Économiques et Sociales. Tunis.
CICRED   = Comité International de Coordination des Recherches Nationales de
                          Démographie. Paris.

ACHENBACH, HERMANN 1967: Die Agrarlandschaft der tunesischen Nordküste um Bizerte. Erdkunde.
    Archiv für wissenschaftliche Geographie, Bonn. 21 (1967), S. 132—146.
— 1971: Agrargeographische Entwicklungsprobleme Tunesiens und Algeriens. Hannover. (Jahrbuch
    der Geographischen Gesellschaft zu Hannover für 1970).
— 1973: Bevölkerungsdynamik und Wirtschaftsstruktur in den berberisch besiedelten Gebirgen Al-
    geriens. (Große Kabylei und Aurès). In: STEWIG, R. & WAGNER, H.-G. (Hrsg.): Kulturgeographi-
    sche Untersuchungen im Islamischen Orient. Kiel. (Schriften des Geographischen Institutes der
    Universität Kiel. Bd. 38, S. 1—42).
— 1976: s. AFRIKA-KARTENWERK, Serie N, Blatt 11.
— (in Vorbereitung): s. AFRIKA-KARTENWERK, Serie N, Beiheft 11.
— 1979: Zum räumlichen Beziehungsverhältnis von Bevölkerungsdynamik und agrarer Tragfähig-
    keit in Tunesien. Kiel. (Kieler Geographische Schriften, 50, S. 395—416).
AFRIKA-KARTENWERK, Herausgegeben im Auftrage der Deutschen Forschungsgemeinschaft von
    U. FREITAG, K. KAYSER, W. MANSHARD, H. MENSCHING, L. SCHÄTZL, J. H. SCHULTZE †.
    Serie N: Nordafrika (Tunesien, Algerien) 32° N—37° 30' N, 6° E—12° E.
    — Blatt 5: Klimageographie, 1:1 000 000. Autoren: GIESSNER, K.; & MENSCHING, H. Berlin ·
        Stuttgart. (In Vorbereitung.)
    — Beiheft 5: Klimageographie. Autoren: GIESSNER, K.; & MENSCHING, H. Berlin·Stuttgart.
        (in Vorbereitung.)
    — Blatt 8: Bevölkerungsgeographie, 1:1 000 000. Autor: WAGNER, H.-G. Berlin · Stuttgart.
        1976.
    — Beiheft 8: Bevölkerungsgeographie. Autor: WAGNER, H.-G. Berlin ·Stuttgart. 1981.
    — Blatt 9: Siedlungsgeographie, 1:1 000 000. Autor: WAGNER, H.-G. Berlin · Stuttgart.
        1981.
    — Blatt 10: Ethnographie, 1:1 000 000. Autoren: BECKER, R.; & HERZOG, R. Berlin · Stutt-
        gart. 1976.
    — Beiheft 10: Ethnographie. Autor: HERZOG, R. Berlin · Stuttgart. 1981.
    — Blatt 11: Agrargeographie, 1:1 000 000. Autor: ACHENBACH, H. Berlin · Stuttgart. 1976.
    — Beiheft 11: Agrargeographie. Autor: ACHENBACH, H. Berlin · Stuttgart. (In Vorbereitung.)
    — Blatt 12: Wirtschaftsgeographie, 1:1 000 000. Autor: ARNOLD, A. Berlin · Stuttgart. 1976.
    — Beiheft 12: Wirtschaftsgeographie. Autor: ARNOLD, A. Berlin · Stuttgart. 1980.
    — Blatt 15: Historische Siedlungsgeographie. Autor: HAFEMANN, D. Berlin · Stuttgart. 1977.
    — Beiheft 15: Historische Siedlungsgeographie. Autor: HAFEMANN, D. Berlin · Stuttgart.
        1980.
ANNUAIRE STATISTIQUE DE L'ALGÉRIE 1960. Herausgegeben vom Secrétariat d'Etat au Plan. Direction
    des Statistiques.

ANNUAIRE STATISTIQUE DE LA TUNISIE. Tunis. (jährlich). Herausgegeben vom Secrétariat d'Etat au Plan et à l'Economie Nationale. Services des Statistiques.

ARNBERGER, ERIK 1966: Handbuch der thematischen Kartographie. Wien.

ARNOLD, ADOLF 1972: Die Industrialisierung in Algerien und Tunesien als Mittel zur Verbesserung der Regionalstruktur. In: WIRTH, E.; & HEINRITZ, G. (Hrsg.): Wiesbaden. (Tagungsberichte und wissenschaftliche Abhandlungen des Deutschen Geographentages Nürnberg/Erlangen 1971, S. 322—334.)

— 1976: s. AFRIKA-KARTENWERK, Serie N, Blatt 12.

— 1979: Untersuchungen zur Wirtschaftsgeographie Tunesiens und Ostalgeriens. Hannover. (Jahrbuch der Geographischen Gesellschaft zu Hannover für 1976).

— 1980: s. AFRIKA-KARTENWERK, Serie N, Beiheft 12.

— 1980: Die Bevölkerungsentwicklung Algeriens. Geographische Rundschau, Braunschweig. 32 (1980), S. 439—444.

ATTIA, HABIB 1957: L'organisation de l'oasis. Cahiers de Tunisie, Tunis, 17/18 (1957), S. 39—43.

— 1965: Modernisation agricole et structures sociales: exemples des oasis du Djerid. Rev. Tun. Sci. Soc., Tunis. 2 (1965) 2, S. 59—93.

— 1966 a: L'évolution des structures sociales et économiques dans les Hautes steppes. Rev. Tun. Sci. Soc., Tunis. 3 (1966) 6, S. 5—41.

— 1966 b: La répartition géographique de la population tunisienne à partir de recensement de 1966. Rev. Tun. Sci. Soc., Tunis. 6 (1969), 17/18, S. 505—524.

— 1969: Densité de Population. Recensement 1966. Karte der Bevölkerungsdichte Tunesiens. Centre d'Etudes et de Recherches Economiques et Sociales (CERES), Tunis.

— 1970: Croissance et migrations des populations sahéliennes. Rev. Tun. Sci. Soc., Tunis. 7 (1970), 23, S. 91—117.

— 1972: L'urbanisation de la Tunisie. Rev. Tun. Sci. Soc., Tunis. 9 (1972), 29, S. 9—32.

BARDIN, PAUL 1944: Les populations du contrôle civil de Gafsa et leurs genres de vie. Revue de l'Institut des belles lettres arabes à Tunis (IBLA), Tunis, No. 26 (1944), S. 139—156; 27 (1944), S. 257—277; 28 (1944), S. 427—448.

BARDINET, CLAUDE 1967: Densités de population en Algérie au recensement de 1966. Annales Algériennes de Géographie, Algier. 2, S. 1—18.

— 1972: Problèmes démographiques de l'urbanisation en Algérie dans la période 1962—72. Bulletin de la Societé Languedocienne de Géographie, Montpellier. 6 (1972), S. 11—31.

B'CHIR, M. 1972: Le phénomène «Gourbiville» dans les villes moyennes en Tunisie. Rev. Tun. Sci. Soc., Tunis. 9 (1972) 30/31, S. 139—150.

— 1973: Les migrations dans une métropole régionale: Sousse. Rev. Tun. Sci. Soc., Tunis. 10 (1973), 28/29, S. 107—130.

B'CHIR, M.; & DJEMAI, H. 1977: Les migrations traditionelles chez les «Jebalias» de Matmata: Etude socio-démographique. Rev. Tun. Sci. Soc., Tunis. 14 (1977), 48/49, S. 23—79.

BEDJAOUI, M. 1978: Le problème de l'emploi. El Djeich. Algier. (1978), No. 178, S. 13—22.

BENDEJELID, A.; BRULE, J. C.; FILLON, P.; MESKALDJI, G. 1976: Peuplement et migration dans une moyenne montagne méditerranéenne, le cas de la Petite Kabylie. In: IVᵉ Colloque de géographie maghrébine, Tunis, 1976.

BESSIS, A.; MARTHELOT, P.; MONTETY, H.; et al. 1956: Le territoire des Ouled Sidi Ali ben Aoun. — Paris. Constribution à l'Etude des problèmes humains dans la Steppe Tunisienne. Institut Hautes Etudes Tunis, 3ᵉ serie. Vol 1. P.U.F.

BOUHDIBA, A. 1968: Les conditions de vie des Mineurs de la région de Gafsa. Etudes de Sociologie Tunisienne, Tunis. 1 (1968), S. 165—234.

BOURAOUI, ABDELHAMID 1976: Les travailleurs tunisiens en France. Analyse démographique. Rev. Tun. Sci. Soc., Tunis. 13 (1976), 44, S. 19—36.

BREIL, M. JACQUES 1957: Etude de Démographie quantitative. La population en Algérie. Paris.

BRUNET, ROGER 1958: Un centre minier de Tunisie, Redeyef. Annales de Géographie, Paris. 67 (1958), S. 430—446.

BUREAU DE RECHERCHES SOCIOLOGIQUES 1968: Les conditions de vie des mineurs de la région de Gafsa. Tunis.

CHARLES-PICARD, G. 1962: Nordafrika und die Römer. Stuttgart.

CORNATON, MICHEL 1967: Les regroupements de la décolonisation en Algérie. Paris.

CORVINUS, FRIEDEMANN 1978: Regionale Analyse von Volkszählungen in Südnigeria. Gießener Geographische Schriften, Gießen, H. 42.

DAMETTE-GROUPE HUIT 1970: Les migrations dans la région minière du Sud. Rev. Tun. Sci. Soc., Tunis. 7 (1970) 23, S. 175—207.

DESPOIS, JEAN 1955: La Tunisie Orientale. Sahel et Basse Steppe. Paris.

— 1960: La répartition de la population en Algérie. Annales. Economies, Sociétés, Civilisation. Paris. 15 (1960), S. 915—926.

— 1961: La Tunisie. Paris.

DESPOIS, JEAN; & RAYNAL, RENÉ 1967: Géographie de l'Afrique du Nord-Ouest. Paris.

DIALOGUE 1976: Ce qu'il faut savoir sur la population tunisienne. Dialogue, Tunis. 80 (1976), S. 50—54.

ECKERT, HEDI 1970: Die Medina-Gesellschaft. Versuch einer Rekonstruktion der Sozialstrukturen. Kölner Zeitschrift für Soziologie und Sozialpsychologie, Köln. 22 (1970), S. 473—499.

ENQUÊTE SUR LE NOMADISME et pastoralisme (1966). Unveröffentlichtes Material des Ministère d'Etat aux Plans et Finances, Alger.

EXTRAITS DE L'ANNUAIRE STATISTIQUE de l'Algérie 1976. Herausgegeben von: République Algérienne Démocratique et Populaire. Secrétariat d'Etat au Plan. Direction des Statistiques et de la Comptaibilité Nationale (unregelmäßig erscheinend).

FAHEM, A. 1960: Fonction régionale de la ville de Sousse. Les Cahiers de Tunisie, Tunis. 31 (1960) S. 157—162.

— 1968: Un exemple des relations villes—campagnes: Sousse et le Sahel tunisien. Rev. Tun. Sci. Soc., Tunis. 5 (1968), 15, S. 275—296.

FAKHFAKH, FRANÇOISE 1977: Une banlieue de Tunis depuis l'independance: l'Ariana. Tours. (Urbanisation, reseaux urbains, régionalisation au Maghreb. Tours. Volume 1.)

FAKHFAKH, MOHAMED 1971: Croissance urbaine de l'agglomeration Sfaxienne. Rev. Tun. Sci. Soc., Tunis. 8 (1971), 25, S. 173—191.

— 1975 a: L'influence d'une grande ville sur l'habitat de sa région: Sfax. Maghreb et Sahara, Paris.

— 1975 b: Sfax et sa région: Etude de géographie humaine et économique. Paris.

— 1976 a: La grande exploitation agricole dans la région Sfaxienne. Cahiers du Centre d'Etudes et de Recherches Economiques et Sociales (CERES), Tunis.

— 1976 b: L'urbanisation, frein en Tunisie: réflexions sur les méthodes d'analyse. In: Colloque Système urbain et développement au Maghreb. (Vervielfältigtes Manuskript.)

— 1978: Villes et régions en Tunisie. Réflexions sur les méthodes d'analyse. Urbanisation, reseaux urbains, Régionalisation au Maghreb, Tours. 3 (1978), S. 237—242.

FILALI, M. 1966: Les problèmes d'intégrations posés par la sédentarisation des populations nomades et tribales. Rev. Tun. Sci. Soc., Tunis 3 (1966) 7, S. 83—114.

FRÉMONT, ARMAND 1961: Un petit regroupement des hautes plaines constantinoises. Cahiers de Sociologie Economique, Paris. 4 (1961), S. 93—105.

— 1962: La région d'Ain M'Lila dans les hautes plaines constantinoises. Méditerranée, Montpellier. 3 (1962), S. 29—64.

— 1969: Dans la région du Djebel Serdj (dorsale tunisienne). Notes de géographie humaine, Méditerranée. 10 (1969) 1, S. 3—45.

FRIEDMANN, J. 1966: Regional Development Policy: A Case Study of Venezuela. Cambridge, London.
— 1972: A general Theory of plarized development. In: Hansen, N. M. (Edit.), Growth centres in regional economic development. New York 1972, S. 82—107.

GABRIEL, BALDUR 1977: Geographischer Wandel in der Oase Ben Galouf (Südtunesien). Stuttgarter Geographische Studien, Stuttgart. 91 (1977), S. 167—211.
GANIAGE, JEAN 1966: La population de la Tunisie vers 1860, Essai d'évaluation d'après les registres fiscaux. Population, Paris, 5 (1966), S. 857—886.
GIESSNER, KLAUS 1979: Die klima- und phytoökologische Gliederung Tunesiens. In: Natur- und wirtschaftsgeographische Forschungen in Afrika. Berichte aus dem Institut für Geographie der Universität Würzburg, (Würzburger Geographische Arbeiten. 49. S. 199—236.)
GIESSNER, KLAUS; & MENSCHING, HORST (in Vorbereitung): s. AFRIKA-KARTENWERK, Serie N, Blatt 5.
— (in Vorbereitung): s. AFRIKA-KARTENWERK, Serie N, Beiheft 5.
GLAUERT, GÜNTER 1962: Bevölkerung und Städtewesen des östlichen Maghreb im Zeitabschnitt der Entkolonisierung. (Mitteilungen der Geographischen Gesellschaft München. 47. S. 117—156).
GROUPE HUIT 1971: Les villes en Tunisie. Tunis. 2 Bände.
— 1974: L'armature urbaine Tunisienne et son devenir. In: Villes et sociétés au Maghreb, études sur l'urbanisation. Herausgegeben von Centre de recherches et d'études sur les sociétés méditerranéennes (CRESM), Paris. S. 174—189.

HAFEMANN, DIETRICH 1977: s. AFRIKA-KARTENWERK, Serie N, Blatt 15.
— 1980: s. AFRIKA-KARTENWERK, Serie N, Beiheft 15.
HAUSER, JÜRG A. 1974: Bevölkerungsprobleme der Dritten Welt. Bern, Stuttgart. (UTB-Bd. 316.)
HERZOG, RUDOLF 1963: Seßhaftwerden von Nomaden. Köln, Opladen. Forschungsberichte des Landes Nordrhein-Westfalen Nr. 1230, 207 S.
— 1981: s. AFRIKA-KARTENWERK, Serie N, Beiheft 10.
HIRSCHMAN, ALBERT O. 1967: Die Strategie der wirtschaftlichen Entwicklung. Stuttgart. (Ökonomische Studien. 13.).
HOUIDI, TAÏEB; & MIOSSEC, JEAN MARIE 1976 a: L'évolution de la population tunisienne de 1966 à 1975: premiers enseignements du recensement du 8 mai 1975. Information géographique, Paris. 40 (1976), S. 129—136.
— 1976 b: La population tunisienne en 1975. Tunis. (Ministère de l'Equipement).
HÜTTEROTH, WOLF-DIETER 1967: Die Bedeutung kollektiver und individueller Landnahme für die Ausbildung von Streifen- und Blockfluren im Nahen Osten. Beiheft zur Geographischen Zeitschrift, Wiesbaden. 18 (1967) S. 85—93.

IBRAHIM, FOUAD 1975: Das Handwerk in Tunesien. Eine wirtschafts- und sozialgeographische Strukturanalyse. Hannover. (Jahrbuch der Geographischen Gesellschaft zu Hannover, Sonderheft 7.).
INSTITUT NATIONAL DE LA STATISTIQUE 1971: Mouvement naturel de la population, 1961—1969. Statistiques de l'I.N.S., Série démographie. Institut National de la Statistique, Tunis. No. 1.

KASSAB, A. 1975: L'évolution de la vie dans les régions de la moyenne Medjerda et de Béja-Mateur. Thése. Paris, 3 Volumes.
KLUG, HEINZ 1973: Die Insel Djerba. Wachstumsprobleme und Wandlungsprozesse eines südtunesischen Kulturraumes. In: STEWIG, R. & WAGNER, H.-G. (Hrsg.) 1973: Kulturgeographische Untersuchungen im Islamischen Orient, Kiel. (Schriften des Geographischen Institutes der Universität Kiel. Bd. 38. S. 45—87.)
KOELSTRA, R. W.; & TIELEMANN, H.-J. 1977: Développement ou migration: une enquête portant sur les possibilités de production de l'emploi dans les régions moins développées de Tunisie. Den Haag.
KRESS, HANS-JOACHIM 1977: „Andalusische" Strukturelemente in der Kulturgeographischen Genese Tunesiens. In: Schott, Carl (Hrsg.) 1977. Beiträge zur Kulturgeographie der Mittelmeerländer III, Marburg. (Marburger Geographische Arbeiten, Marburg, Heft 73. S. 237—284.)

KULS, WOLFGANG (Hrsg.) 1978: Probleme der Bevölkerungsgeographie. Darmstadt. (Wege der For-
schung. 468.).

LALUE, R.; & MARTHELOT, P. 1962: La répartition de la Population tunisienne. Annales. Economies,
Sociétés, Civilisations. Paris. 17 (1962), S. 283—301.

LAPHAM, ROBERT J. 1971: Family planning in Tunisia and Morocco. A summary and evaluation of the
recent record. Studies in Family Planning. Population Council, New York. 2 (1971), S. 101—110.

LOUIS, ANDRÉ 1976: Tunisie du Sud. Ksars et villages de crêtes. Paris. Centre National de la Recherche Scientifique. 372 S.

LOUSTALET, FRANÇOISE 1967: La function régionale de la ville de Sfax. Acta geographica, Paris. 67
(1967) S. 7—19.

LOWY, PAUL 1976: L'artisanat dans les médinas de Tunis et de Sfax. Annales de Geógraphie, Paris. 85
(1976), S. 473—493.

MAISON, DOMINIQUE 1973: La population de l'Algérie. In: Population. Paris. 28 (1973) 6,
S. 1079—1107.

MAKLOUF, EZZEDINE 1968: Structures agraires et modernisation de l'agriculture dans les plaines du
Kef. Cahiers du Centre d'Etudes et de Recherches Economiques et Sociales. Série Géographique,
Tunis. Volume 1.

— 1969: L'évolution de la population de la Tunisie septentrionale depuis 1921. Milieu rural et structures de production. Rev. Tun. Sci. Soc., Tunis. (1969), 17/18, S. 525—560.

— 1972: Les changements récents dans le contenu socioéconomique de l'exode rural. Rev. Tun.
Sci. Soc., Tunis. 9 (1972), 28/29, S. 33—72.

MANSOUR, ALI 1977: La croissance urbaine dans la region de la capitale (Tunis). Revue tunisienne de
l'Equipement, Tunis. 6 (1977), S. 84—93.

MARCOUX, ALAIN 1971 a: Quelques éléments de la situation démographique en Tunisie 1966—1970.
Rev. Tun. Sci. Soc., Tunis. 8 (1971), 27, S. 165—172.

— 1971 b: La Croissance de la population de la Tunisie. Passé récent et perspectives. Population. Paris. 26 (1971) Numéro spécial, S. 105—124.

MECKELEIN, WOLFGANG (Hrsg.) 1971: Geographische Untersuchungen am Nordrand der tunesischen
Sahara. Stuttgart. (Stuttgarter Geographische Studien Bd. 91.)

MENSCHING, HORST 1963: Die südtunesische Schichtstufenlandschaft als Lebensraum. Mitteilungen
der Fränkischen Geographischen Gesellschaft, Erlangen. 10 (1963), S. 82—93.

— 1971 a: Der Maghreb. Eine regionalgeographische Einführung. Geographische Rundschau,
Braunschweig. 23 (1971), S. 289—296.

— 1971 b: Nomadismus und Oasenwirtschaft im Maghreb. Entwicklungstendenzen seit der Kolonialzeit und ihre Bedeutung im Kulturlandschaftswandel der Gegenwart. Braunschweiger Geographische Studien, Braunschweig. 3 (1971), S. 155—167.

— 1979: Tunesien. Eine geographische Landeskunde. Darmstadt. (Wissenschaftliche Länderkunden.
1. 3. Auflage.)

MERTINS, GÜNTER (Hrsg.) 1978: Zum Verstädterungsprozeß im nördlichen Südamerika. Marburg.
Marburger Geographische Schriften, Marburg. Heft 77.)

MESKALDJI, GHANIMA; & EL-HADEUF, LAMINE 1979: Croissance de l'Agglomération Constantinoise.
Tours. (Urbanisation, Reseaux urbains, Regionalisation au Maghreb. Tours. Volume 4.)

MIOSSEC, JEAN-MARIE; & HOUIDI, TAÏEB 1976: L'évolution de la population tunisienne de 1966 à
1975: Premiers enseignements du recensement du 8 mai 1975. L'information Géographique, Paris. 40 (1976), S. 129—136.

MIOSSEC, JEAN-MARIE; & PIERRE SIGNOLES 1978: Priorité l'echelle nationale dans l'urbanisation et
l'organisation spatiale de la Tunisie. Tours. (Urbanisation, Reseaux urbains, Regionalisation au
Maghreb, Tours. 3 (1978), S. 243—270.

MONCHICOURT, CH. 1906: La steppe tunisienne chez les Fraichich et les Majeur. Bulletin de la Direction de l'Agriculture, Tunis. (1906), S. 38—76 und S. 156—199.

— 1913: La région du Haut Tell en Tunisie. Paris.

Myrdal, Gunnar 1974: Ökonomische Theorie und unterentwickelte Regionen. Weltproblem Armut. Frankfurt am Main.

Niemeier, Georg 1955: Vollnomaden und Halbnomaden im Steppenhochland und in der nördlichen Sahara. Erdkunde, Archiv für wissenschaftliche Geographie, Bonn. 9 (1955), S. 249—263.

Picouet, Michel 1970: Description et analyse rapide des migrations intérieures en Tunisie. Tunis. (Institut National de la Statistique.)
— 1971 a: Aperçu des migrations intérieures en Tunisie. Population, Paris. 26 (1971) numéro spécial, S. 125—148.
— 1971 b: Les migrations intérieures en Tunisie. Revue Tunisienne d'économie et de statistique, Tunis. 1 (1971), S. 113—128.

Planhol, Xavier 1961: Nouveaux villages algérois. Publications de la Facultée des Lettres et Sciences Humaines d'Alger, Paris. 39.

Plum, Werner 1967: Sozialer Wandel im Maghreb. Hannover.

Pompei, S. 1964: Problèmes d'urbanisme dans le Sahel. Les Cahiers de France, Paris. 47/48 (1964), S. 147—163.

Poncet, Jean 1962: Paysages et problèmes en Tunisie. Tunis.

Prenant, André 1976: Essai d'évaluation et d'interprétation de la croissance urbaine en Algérie 1966—1974. Alger. (Secrétariat d'Etat du Plan.)
— 1978: Aspects de la croissance relative des petits centres urbains en Algérie. Tours. Urbanisation, Reseaux urbains, Régionalisation au Maghreb, Tours. 3 (1978) S. 123—146.

Recensement Général de la Population et de l'Habitat 1966: Oran. 1967—1971. Série I, 17 Volumes; Série A, 8 Volumes; Série B, 4 Volumes; Série D, 2 Volumes; herausgegeben: République Algérienne Démocratique et Populaire. Direction des Statistiques.

Recensement Général de la Population et de l'Habitat 1966. Oran, 1967. Volume I. Démographie, Générale, Instruction.

Recensement Général de la Population de la Tunisie (1er février 1956). Répartition géographique de la population. Tunis (1957). Herausgegeben von: Institut National de la Statistique.

Recensement Général de la Population et des Logements (3 mai 1966). Tunis. 1969 (zahlreiche Bände). Herausgegeben von: Secrétariat d'Etat au Plan et à l'Economie Nationale. Direction Générale du Plan. Section des Statistiques Démographiques.

Recensement Général de la Population et des Logements (3 mai 1966). 2me fascicule. Tunis, 1969. Herausgegeben von Secrétariat d'Etat au Plan et à l'Economie Nationale. Direction Générale du Plan. Section des Statistiques Démographiques.

Recensement Général de la Population et des Logements (3 mai 1966). 3me fascicule. Migration. Tunis 1969. Herausgegeben vom Secrétariat d'Etat au Plan et aux Finances. Direction Générale du Plan. Division de la Démographie et des Statistiques Sociales.

Recensement Général de la Population et des Logements (3 mai 1966). Résultats Généraux, 3me partie. Caractéristiques Economiques, Tunis. 1969. Herausgegeben von Secrétariat d'Etat au Plan et à l'Economie Nationale. Direction Général du Plan. Section des Statistiques Démographiques.

Recensement Général de la Population et des Logements (8 mai 1975.) Population par division administrative. Tunis. 1976. Herausgegeben vom Institut National de la Statistique.

Sarel-Sternberg, B. 1961: Les Oasis du Djerid. Cahiers Internationales de Sociologie (1961), S. 131—145.
— 1963: Semi-nomades du Nefzaoua. In: Nomades et Nomadisme au Sahara. Recherches sur la zone aride. Paris. (UNESCO), S. 123—133.

Schätzl, Ludwig 1978: Überlegungen zum langfristigen regionalen Wirtschaftswachstum. Eine Fallstudie über Nigeria. Die Erde. Zeitschrift der Gesellschaft für Erdkunde zu Berlin, Berlin. 109 (1978), S. 445—455.

SCHLIEPHAKE, KONRAD 1975: Erdöl und regionale Entwicklung. Beispiele aus Algerien und Tunesien. Hamburg. Hamburger Beiträge zur Afrikakunde 18, 174 S.

SCHWEIZER, GÜNTER 1971: Bevölkerungsentwicklung und Verstädterung in Iran. Geographische Rundschau, Braunschweig. 23 (1971), S. 343—353.

— 1977: Bevölkerungsverteilung Vorderer Orient. Tübinger Atlas des Vorderen Orients (TAVO). Blatt A VIII 2. Wiesbaden.

— 1978: Bevölkerungsverteilung im Vorderen Orient. Geographische Rundschau, Braunschweig. 30 (1978), S. 98—100.

SEKLANI, MAHMOUD 1961: La population de la Tunisie. Situation actuelle et évolution probable jusqu'en 1986. Population, Paris. 16 (1961) S. 473—504.

— 1970: Les migrations dans la région minière du sud. Rev. Tun. Sci. Soc., Tunis. 7 (1970) 21, S. 175—207.

— 1974: La population de la Tunisie. Tunis. Comité International de Coordination des Recherches Nationales de Démographie (CICRED) — Année mondiale de la population 1974.

— 1976: Economie et population du Sud tunisien. Paris.

SETHOM, HAFEDH 1974: Les fellahs de la presqu'ile du Cap-Bon. Paris. (Thèse Doctorat d'Etat Paris VII).

SETHOM, NOURREDDINE 1978: Les investissements et l'emploi touristique dans la zone de Nabeul-Hammamet. Rev. Tun. Sci. Soc., Tunis. 15 (1978) 52, S. 155—170.

SIGNOLES, PIERRE 1972: Migrations intérieures et villes en Tunisie. Les cahiers de Tunisie, Tunis. 20 (1972), 79/80, S. 207—240.

— 1973: Le Système Urbain Tunisien. Quelques éléments d'approche. Bulletin de la Societée Languedocienne de la Géographie, Montpellier. 7 (1973) S. 15—45.

— 1975: Villes, industries et organisation de l'espace en Tunisie. Travaux du Centre Géographique d'Etudes et de Recherches Rurales, Poitiers. 5 (1975) S. 49—81.

SIMON, GILDAS 1977: Etat et perspectives de l'émigration tunisienne. Tunis. (Ministère du Plan.)

STAMBOULI, FERDJ 1962: Ksar-Hellal et sa région. Paris. Thèse de 3ᵐᵉ cycle. Université de Paris, Faculté des Lettres et des Sciences Humaines.

STAMBOULI, FERDJ 1967: Urbanisme et développement en Tunisie. Rev. Sci. Soc. Tun., Tunis. 4 (1967) 9, S. 77—107.

STAMBOULI, FERDJ; & ZGHAL, ABDELKADER 1974: La vie urbaine dans le Maghreb précolonial. In: Villes et sociétés au Maghreb. Etudes sur l'urbanisation. (CNRS), Centre National de Recherches Scientifiques Paris. S. 191—213.

STATISTISCHES BUNDESAMT 1979 a: Länderkurzbericht Algerien 1979. Wiesbaden.

— 1978 b: Länderkurzbericht Tunesien 1978. Wiesbaden.

— 1978 c: Statistisches Jahrbuch 1978 für die Bundesrepublik Deutschland. Wiesbaden.

STRAHM, RUDOLF 1978: Überentwicklung — Unterentwicklung. Stein/Mfr.

SUTER, KARL 1960 a: Beobachtungen im südwesttunesischen Phosphatgebiet von Gafsa. Die Erde. Zeitschrift der Gesellschaft für Erdkunde zu Berlin, Berlin. 91 (1960), S. 206—212.

— 1960 b: Luftbild Redeyef. Die Erde. Zeitschrift der Gesellschaft für Erdkunde zu Berlin, Berlin. 91 (1960), S. 221—132.

— 1960 c: Djerba — Beitrag zur Kulturgeographie Südtunesiens. Erdkunde. Archiv für wissenschaftliche Geographie, Bonn. 14 (1960), S. 221—132.

TAUBERT, KARL 1967: Der Sahel von Sousse. Hannover. (Jahrbuch der Geographischen Gesellschaft zu Hannover für 1967.)

TAUBERT, KARL; & BECK, CHRISTIANE 1979: Entwicklungsplanung in Trockenräumen — Probleme und Lösungen am Beispiel der Souassi-Region in Tunesien. Die Erde. Zeitschrift der Gesellschaft für Erdkunde zu Berlin, Berlin. 110 (1979), S. 145—164.

TRABELSI, MOSHEN 1971: La dynamique urbaine: Exemple de la ville de Maharès. Rev. Tun. Sci. Soc., Tunis. 8 (1971) 25, S. 121—161.

— 1976: L'exode rural et son impact sur le développement des villes régionales: l'exemple de Kairouan. Rev. Tun. Sci. Soc., Tunis. 13 (1976), 44, S. 147—171.

TRAUTMANN, W. 1979: Entwicklung und Probleme der Agrarreform in Algerien. Erdkunde, Archiv für wissenschaftliche Geographie, Bonn. 33 (1979), S. 215—226.

TREBOUS, MADELAINE 1970: Migration and Development. The Case of Algeria. Manpower requirements in Algeria and vocational training in Europe. Paris. (OECD Development Center Studies).

TROIN, J. F. (Edit.) 1978: Urbanisation au Maghreb. Urbanisation, Reseau urbains, Régionalisation au Maghreb, Tours. Volume 3.

VERSCHIEDENE VERFASSER 1971: Le Maghreb. Population. Paris. 26 (1971), numéro spécial, S. 9—244.
— 1972: La démographie algérienne. Alger. Dossiers Documentaires. Edité par le Ministère de l'Information et de la Culture. 19/20. 93 S.
— 1974: Villes et Sociétés au Maghreb. Etudes sur l'urbanisation. Centre National de la Recherche Scientifique.

WAGNER, HORST-GÜNTER 1971 a: Bevölkerungsentwicklung im Maghreb. Geographische Rundschau, Braunschweig. 23 (1971), S. 297—305.
— 1971 b: Das Siedlungsgefüge im südlichen Ostalgerien (Nememcha). Erdkunde. Archiv für wissenschaftliche Geographie, Bonn. 25 (1971), S. 118—135.
— 1972: Postkoloniale Wandlungen der Siedlungsstruktur im östlichen Maghreb. Wiesbaden (Tagungsbericht u. wissenschaftliche Abhandlungen des Deutschen Geographentages 1971 Erlangen—Nürnberg S. 335—345.) Wiesbaden.
— 1973: Die Souks in der Medina von Tunis. Versuch einer Standortanalyse von Einzelhandel und Handwerk in einer nordafrikanischen Stadt. In: STEWIG, R. & WAGNER, H.-G.: Kulturgeographische Untersuchungen im islamischen Orient. Kiel. (Schriften des Geographischen Institutes der Universität Kiel, Bd. 38, S. 91—142).
— 1976: s. AFRIKA-KARTENWERK, Serie N, Blatt 8.
— 1979: Tunesien: Räumliche Verteilung der Bevölkerung 1966—1975. Würzburger Geographische Arbeiten, Würzburg. 49 (1979), S. 237—263.
— 1981: s. AFRIKA-KARTENWERK, Serie N, Blatt 9.
— 1981: s. AFRIKA-KARTENWERK, Serie N, Beiheft 8.

WANDER, HILDE 1965: Die Beziehungen zwischen Bevölkerungs- und Wirtschaftsentwicklung, dargestellt am Beispiel Indonesiens. Tübingen. (Kieler Studien. Forschungsberichte des Instituts für Weltwirtschaft an der Universität Kiel, Bd. 70.).
— 1969: Bevölkerungsprobleme im Wirtschaftsaufbau kleiner Länder. Das Beispiel Jordanien. Tübingen. (Kieler Studien, Forschungsbericht des Instituts für Weltwirtschaft an der Universität Kiel, Bd. 99.).

WEHMEIER, ECKHARD 1977 a: Ein bewässerungsökologisches Profil durch den Norden der Region Nefzaoua. Stuttgarter Geographische Studien, Stuttgart. 91 (1977), S. 105—138.
— 1977 b: Untersuchungen in der neugegründeten Oase Klib Dokhan. Stuttgarter Geographische Studien, Stuttgart. 91 (1977), S. 153—165.

WINKLER, ERNST 1968: Wandlungen der Halfagraswirtschaft in Tunesien. Voraussetzungen und Rückwirkungen einer Industrieneugründung. Mitt. d. Österr. Geographischen Gesellschaft, Wien. 110, 2/3 (1968) 2/3, S. 159—174.

WIRTH, EUGEN 1973: Die Beziehungen der orientalisch-islamischen Stadt zum umgebenden Lande. Ein Beitrag zur Theorie des Rentenkapitalismus. Geographische Zeitschrift, Wiesbaden. Beiheft. 33, S. 323—333.
— 1976: Zur Theorie periodischer Märkte aus der Sicht der Wirtschaftswissenschaften und Geographie. Erdkunde. Archiv für wissenschaftliche Geographie, Bonn. 30 (1976), S. 10—15.

WITT, WERNER 1970: Thematische Kartographie. Methoden und Probleme, Tendenzen und Aufgaben. Hannover. (Veröffentlichungen der Akademie für Raumforschung und Landesplanung. Abhandlungen. 49.).

ZGHAL, ABDELKHADER 1967: Modernisation de l'Agriculture et populations semi-nomades. Den Haag.

Literatur-Nachtrag 1983

BELHEDI, AMOR 1980: L'industrie manufacturière dans l'agglomération tunisoise. Revue Tunisienne de Géographie (1980) 5, S. 9—39.

BISSON, JEAN; & TROIN, JEAN-FRANCOIS 1982: Présent et Avenir des Médinas. Urbanisation au Maghreb. Tours. Volume 10/11.

PICOUET, MICHEL 1975: Evolution recente du peuplement de l'agglomération de Tunis. Cahiers O.R.S.T.O.M. Série Sciences Humaines. Paris. 12 (1975), 4, S. 345—377.

SUTTON, KEITH 1980: Population growth in Algeria, 1966—1977, with some comparisons from Tunisia. The Maghreb Review 5 (1980) 2/4, S. 41—50.

— 1981 a: The influence of military policy on Algerian rural settlement. Geographical Review 71 (1981), S. 379—394.

— 1981 b: Household census data from Algeria: Its contents and potentiality. The Maghreb Review 6 (1981) 3/4, S. 45—48.

Kartenverzeichnis

Carte de Tunisie 1:50 000 Type 1922, Edition 1957, 1959. Sämtliche Blätter. Ministère des Travaux Publics et des Transports. Institut Géographique National, Paris.

Carte de Tunisie 1:50 000 Type 1922, Edition 1963. Vorhandene Blätter. Secrétariat d'Etat aux Travaux Publics et à l'Habitat. Service Topographique. Tunis.

Carte de Tunisie 1:200 000 Edition 1932. Sämtliche Blätter. Ministère des Travaux Publics et des Transports. Institut Géographique National, Paris.

Carte de Tunisie 1:500 000 Edition 1948, 1954. Ministère des Travaux Publics et des Transports. Institut Géographique National, Paris.

Carte de Tunisie 1:500 000 Edition 1965. Secrétariat d'Etat aux Travaux Publics et à l'Habitat. Service Topographique, Tunis.

Carte internationale du monde 1:100 000. Tunis Sfax (NS-31/32; NI 32); Ministère des Travaux Publics et des Transports. Institut Géographique National, Paris 1967.

Carte de Tunisie. Limites Administratives 1:750 000. Secrétariat d'Etat au Plan et à l'Economie Nationale. Direction Générale du Plan. Service des Statistiques Démographiques. Tunis. 1966.

Carte de Tunisie. Limites Administratives 1:750 000. Secrétariat d'Etat au Plan et à l'Economie Nationale. Direction Générale du Plan. Service des Statistiques Démographiques. Tunis 1975.

Carte de la „Densité de Population". Centre d'Etudes et de Recherches Economiques et Sociales (CERES), Tunis, 1969.

Carte de l'Algérie 1:50 000, Type 1922, Edition 1950. Sämtliche Blätter Ostalgeriens. Ministère des Travaux Publics et des Transports. Institut Géographique National, Paris.

Carte de l'Algérie 1:200 000 Typ 1960. Ministère des Travaux Publics et des Transports. Institut Géographique National, Paris.

Carte de l'Algérie 1:500 000 Type Tourisme, Edition 1957. Ministère des Travaux Publics et des Transports. Institut Géographique National, Paris.

Carte de l'Algérie. Limites Administratives. Ministère des Finances et du Plan. Commissariat National au Recensement de la Population Service de Cartographie Urbanisme. Alger, 1968.

Summary

Methodological Concept

The basic concept of the map sheet Settlement Geography as part of the Series North published by the AFRIKA-KARTENWERK resulted from the thematic correlation of the following aspects.

Formal-structural characteristics. These describe the main forms of spatial organization of the single elements which make up the settlement system of a particular area. The following types of settlement are found in the region under examination:
— isolated farms, dispersed and swarm-like settlements
— nucleated settlements, large villages, central places
— urban agglomerations with a high density of population
— urbanized districts on the outskirts of towns.

Functional characteristics. Classification according to structural characteristics is itself an indication of the functional features of a settlement. The term denotes the duties (or functions) which a particular settlement performs within the overall settlement network of an area of a given size. In concrete terms it means that one differentiates between agricultural settlements, central places with supply and provision facilities, industrial, mining and hotel settlements as well as between towns in their various forms.

Characteristics of historical development. The various functions of individual components of the settlement systems result from different phases in the historical development of the area covered by the map. Certain structures which date back to earlier phases are still operative today. The main historical epochs referred to here have been dealt with in detail in the monograph accompanying the map sheet Population Geography (see AFRIKA-KARTENWERK, monograph N 8, Section 2.1); therefore, only a brief account is given here.

— Ancient and pre-Islamic phase. Punic, Roman settlements in the coastal regions, although also sporadically found in both the High and Low Steppes; Berber, predominantly nomadic ways of life in all steppe regions, peasant population in the mountains.

— Development of Arabic culture. The most important single phase in the shaping of the settlement network in its present structure began with the transformation of the old cultural landscape following the penetration of Islam into the Maghreb from the East. The historical development and socio-economic organization of numerous Tunisian towns are the most significant effects of this period of development which lasted roughly a thousand years. Setbacks caused by the invasion of nomadic tribes in the 11th century (Beni

Hilal) on the one hand and strong development impulses produced by the settlement of
Jews driven out of Spain and "Andalusians" (the last followers of the Islamic faith on the
Iberian peninsula) on the other left their mark on the development of the settlement sys-
tem in this turbulent period.

— Colonial transformation. The most lasting changes in the settlement system
occurred during the colonial period. In about the middle of the 19th century, with the ad-
vent of colonial rule, a process began which led to a polarization within the settlement system. The most conspicuous effect of this influence was the co-existence of different types
of town (Arabic-Islamic "medinas" and European-style "new towns") within urban settlements. In the agricultural landscape, too,—in the northern parts of Tunisia and in eastern
Algeria—there were economic and social disparities between colonial civilization and
Arabic culture. In the central regions the occupation of former pasturelands brought
changes in nomadic and semi-nomadic ways of life, a development which progressively led
to nomadic groups becoming sedentary.

— Post-colonial development. 1956 and 1962 marked the beginning (for Tunisia
and Algeria respectively) of a new phase of development involving, in some areas, a funda-
mentally new organization of the settlement system. Its most significant feature is the
largely successful attempt at reducing the spatial disparities inherent in the economic organization as well as in the settlement network. The second, perhaps even more important
factor contributing to a change in the settlement structure was the increasing growth of
population. At the beginning of the Protectorate (1881) approximately one and a half million people lived in Tunisia; in 1950 the population (not counting Europeans) was double
that figure. Today it has grown to over six millions. The effects of demographic changes
on the settlement system had to be taken into consideration in the drafting of the map
sheet Settlement Geography just as did the continuous process of planned resettlement of
semi-nomadic tribes in the central and southern regions of the area under study. It was
therefore thought advisable to follow the same basic conception in the drafting of both
this map and the map sheet Population Geography (cf. Section 4 of the monograph Population Geography: AFRIKA-KARTENWERK, monograph N 8).

Characteristics of the spatial organization of the economy. The post-colonial and the cur-
rent development of the economic base has not only contributed towards lessening the
spatial disparities which exist in the economic organization and which date back to the period of Europeanization. It has also led to a new orientation in economic development.
With the establishment of industrial estates both in the proximity of old urban regions
(Tunis, Sousse and Sfax, for example) and in hitherto purely agricultural areas, a trend
has begun which seems to be leading towards a polycentric organization of the economy.
Effects of this process are already noticeable and can be seen not only in the increase in
population but also in migratory trends linked with it. Thus the combined effects of demographic development on the one hand and the regional development of the economy in
the form of urbanization processes on the other were of considerable importance in the
drafting of the map Settlement Geography.

Geo-ecological and agricultural characteristics. Since the organization of a settlement
type is largely determined by the prevailing form of economy, it was necessary to relate
the above to the determining factors governing the use of land. These are mainly a result

of changing geo-ecological patterns along the north-south axis and, near the Tunisian east coast, along the east-west axis. A comprehensive account of these has been given by MENSCHING (1979). ACHENBACH (1971) has shown the influence of these geo-ecological conditions, taking into account economic, political and social factors, on the regional structuralization of agriculture. The map Agricultural Geography (ACHENBACH, 1976; see AFRIKA-KARTENWERK, sheet N 11) illustrates the high dependence of the agricultural use of land on the changing geo-ecological patterns from north to south, from humid-Mediterranean mountains and high plateaus in the north, via the Mediterranean-influenced semi-arid and arid steppes of central Tunisia, to the arid and hyper-arid semi-desert and desert regions in the south. Readers may refer to the monograph accompanying the map Population Geography, in which parallels are drawn between the major regions as regards topographic-climatic ecology, agricultural geography and settlement geography (*Fig. 18*, map, and *Fig. 21*, a summary showing comparisons in table form).

These five characteristics, which were shown to be of great significance for the organization of settlement structures, provided the basis for determining the local or regional dominant factor in each structure. The effect of this was to separate one type of settlement from another and to place borders around each type. In certain regions this resulted in the division of the map sheet into units of area, mainly in a north-south direction, following the pattern of the map Agricultural Geography. In order to arrive at a concise descriptive heading for each unit of area, however, use was made of those characteristics of settlement geography which had a direct bearing on the area.

Classification of settlements according to type and area:

1) Old settlements in the mountainous region of the Tell
2) Settlement areas showing direct/indirect transformation during the colonial period
3) Predominantly pre-colonial settlement areas: Sahel
4) Regions of early resettlement (before 1950), classified according to date and area
5) Areas of settled peasant population in oasis regions and near the cuestas
6) Regions of recent sedentation (after 1950) in the steppes and desert regions.

If one compares these units of area, one is struck by the similarities which exist between them and those defined by agricultural and climatic-ecological factors. At the same time, the most important stages of the historical development of the settlement system can be clearly seen, as long as they are relevant for the present. Additional symbols have been used to mark dominant features of settlements with regional characteristic functions.

The structure of the map was conceived during the course of lengthy visits to the area under examination. The field work was carried out to a large extent with the author of maps N 12 (Economic Geography) and N 13 (Transportation Geography), A. ARNOLD. During this phase the main settlement patterns were established on the basis of the official topographical map 1:50,000. Detailed mapping leads to a better insight into the key factors governing a settlement system and shows up the differences in shape and size. In order to depict the general pattern emerging from observations in the field, a first, broad classification of settlement areas was drawn up on the scale 1:200,000. This presentation provided the basis for the present map, first on the scale 1:500,000 and then reduced photomechanically, in the same way as the map Population Geography, to the scale of 1:1,000,000.

The purpose of the monograph accompanying the map Settlement Geography is to describe each type of settlement as clearly and vividly as possible, whereby the aim has been to assess the causality of the characteristics worked out above according to their significance in each settlement type.

The legend numbers used on the map Settlement Geography (see AFRIKA-KARTENWERK, sheet N 9) are preceded by the letter S. References to the legend numbers used on the map Agricultural Geography (see AFRIKA-KARTENWERK, sheet N 11) are marked by the letter A.

Résumé

1. Avant-propos méthodique

La conception de base de la carte Géographie de l'Habitat de la série nord de l'AFRIKA-KARTENWERK résultait de la corrélation thématique des points de vue suivants.

Indices de la structure du système d'habitat: ils décrivent les formes les plus importantes de l'organisation spatiale des différents éléments de la structure de l'habitat d'une région. Les types d'habitat suivants apparaîssent dans la zone étudiée:
— habitat de fermes isolées, habitat dispersé et habitat dispersé avec petites concentrations
— habitat groupé, gros villages, lieux centraux
— agglomérations urbaines avec concentration démographique élevée
— quartiers urbanisés à la périphérie des villes

Indices des fonctions: la classification de la structure comprend d'ores et déjà des éléments caractéristiques fonctionnels. On comprend sous ce terme les tâches (fonctions) que doit remplir une certaine agglomération dans le système global de l'habitat d'une grande zone. Il convient concrètement de distinguer ici entre des agglomérations rurales, des lieux centraux avec des systèmes d'approvisionnement, des agglomérations industrielles minières et hôtelières ainsi que des villes avec leurs formes multiples.

Indices de type historique: les différentes fonctions des sections du système d'habitat résultent, au sein de la partie de carte traitée ici, des diverses phases de développement dans le temps. Différentes structures trouvant leur origine dans ces phases de développement sont encore valables aujourd'hui. Ces périodes historiques, de ce point importantes, ont d'ores et déjà été abordées dans le détail dans la monographie relative à la carte démographique (cf. AFRIKA-KARTENWERK, monographie N° 8, chapitre 2.1), c'est la raison pour laquelle l'on ne trouvera ici qu'un bref aperçu:
— phase antique et préislamique: agglomérations romaines, puniques dans les régions côtières, cependant également isolées dans la zone de steppe des plaines et des hauts-plateaux; formes de vie berbères essentiellement nomades dans toutes les régions de steppe; population rurale dans les régions montagneuses.
— Développement de la culture arabe: la phase globalement la plus importante de la constitution du système d'habitat dans sa structure actuelle commença avec la transformation de l'ancien paysage culturel par la pénétration de l'islam de l'est dans le Maghreb. La genèse de nombre de villes de la Tunisie et de leur organisation socioéconomique est le résultat majeur de ce développement durant environ un millénaire. Des revers par l'invasion de groupes nomades au 11 e siècle (Beni Hilal), mais également de fortes impulsions au développement par l'immigration des juifs et «andalousiens» chassés d'Espagne (les derniers adeptes de la foi islamique sur la péninsule ibérique) marquèrent la future forme variée du système d'habitat pendant cette période.
— la transformation coloniale: la transformation la plus durable du système d'habitat s'effectua durant l'époque coloniale. Depuis environ le milieu du 19e siècle, commença ainsi un processus qui suscita une évolution polarisée du système d'habitat. La juxtaposition des différents types de villes (médina islamo-arabique et nouvelle ville de conception européenne) est la conséquence la plus manifeste de cette influence au sein des

agglomérations urbaines. Dans le paysage agraire, il en résultait également des disparités économiques et sociales entre la civilisation coloniale et la culture arabe dans les parties nord de la Tunisie et de l'Algérie de l'est. Dans la partie centrale du pays, la mutation de genres de vie nomades et semi-nomades commença avec l'utilisation d'anciens terrains de pâturage pour la culture des céréales. Cette évolution entraînait une sédentarisation progressive de ces groupes de population nomades.

— Développement post-colonial et national : depuis 1956 en Tunisie et à partir de 1962 en Algérie démarra une phase d'une nouvelle organisation en partie fondamentale du système d'habitat. Sa caractéristique essentielle doit être cherchée dans la tentative en grande partie réussie de supprimer les disparités spatiales en matière d'habitat et d'activités économiques apparues durant l'époque coloniale. Le second facteur, certes encore plus important, de transformation de la structure de l'habitat résulta de l'augmentation croissante de la population. Alors qu'environ 1,5 million d'êtres humains vivaient en Tunisie au début de l'époque du protectorat (1881), un doublement de ce nombre fut atteint (sans les Européens) en 1950. Le nombre de la population est passé aujourd'hui (1980) à plus de 6 millions. Les conséquences de ce processus démographique sur le système d'habitat devaient être prises en considération dans la forme de présentation de la carte de l'habitat, tout comme la sédentarisation poursuivie selon le plan de la population semi-nomade dans les parties centrales et du sud de la zone étudiée. C'est la raison pour laquelle on fut tenté d'harmoniser les conceptions de base de la carte relative à la géographie démographique et de celle relative à la géographie de l'habitat (cf. chapitre 4 de la monographie sur la géographie démographique — voir AFRIKA-KARTENWERK, monographie N 8).

— Indices de l'organisation spatiale de l'activité économique : le développement post-colonial et actuel de la substance économique n'a pas seulement contribué à réduire les disparités économiques régionales héritées de la période de l'européanisation. De nouveaux pôles de croissance économique sont également apparus, tant dans la zone à proximité d'anciennes régions urbaines (par exemple Tunis, Sousse, Sfax) que par la création de complexes industriels («pôles de développement») dans des zones jusqu'à présent purement agricoles. Une tendance se développa qui sembla s'orienter vers une organisation polycentrale de l'espace économique. Des effets de ce processus sur la structure de l'habitat se font sentir dès à présent avec la croissance démographique et les migrations régionales en résultant. C'est ainsi que l'influence conjointe du développement démographique et de l'économie régionale sous la forme d'une urbanisation a acquis une importance considérable pour la conception de la carte relative à la géographie de l'habitat.

— Indices géo-écologiques et agronomiques : étant donné que l'aménagement des formes d'habitat est déterminé pour une part essentielle par la forme de l'activité économique dominante, il en résulte la nécessité d'une corrélation avec les conditions de la mise en valeur agronomique. Ces déterminants résultent essentiellement de la mutation des bases géo-écologiques orientées dans le sens nord-sud, et également dans le sens est-ouest dans la zone de la côte orientale tunisienne. La structure de leurs effets est décrite dans le détail par MENSCHING (1979). ACHENBACH a présenté la signification de ce complexe de facteurs géographiques naturels (1971) en tenant compte des éléments économiques, politiques et sociaux pour l'organisation des zones rurales. La feuille Géographie Agraire (ACHENBACH, 1976, voir AFRIKA-KARTENWERK, feuille N 11) permet de reconnaître le lien étroit entre les systèmes d'utilisation agronomique du sol et la mutation nord-sud entre les régions de montagne méditerranéennes humides et les paysages de hauts-plateaux et les steppes désertiques et déserts arides à hyperarides de la région du sud en passant par les régions de steppe semiarides à arides à influence méditerranéenne de la région centrale. Dans la monographie accompagnant la feuille Géographie Démographique (voir AFRIKA-KARTENWERK, monographie N 8), l'on procède, avec la carte de la figure 18 et le tableau (fig. 21) comparatif suivant ladite carte, à une régionalisation du point de vue de l'écologie climatique, de la géographie agricole et de la géographie de l'habitat. On se référera ici à ce travail.

Il convenait à présent de déterminer les différentes dominantes locales ou régionales dans les cinq groupes de critères essentiellement obtenus pour l'aménagement de la structure de l'habitat. Il en résulta la délimitation spatiale des différents types d'habitat. D'un point de vue régional, une subdivision de la feuille de la carte en fonction d'unités territoriales correspondant essentiellement à un axe nord-sud en matière de géographie agraire résulta de ces phases de travail. On fit cependant appel aux critères de détermination immédiate de la géographie de l'habitat pour une caractérisation plus précise des différents types de zone d'habitat:

classification spatiale et typologique de la substance des habitats:

1) région montagneuse d'habitats anciens du Tell
2) zones d'habitats avec transformation directe/indirecte pendant l'époque coloniale
3) zones d'habitats essentiellement apparus durant l'ère précoloniale: Sahel
4) zones de sédentarisation plus anciennes intervenues avant 1950 avec une différenciation spatiale et temporelle
5) zones de population rurale sédentaire dans des régions d'oasis et dans la région des paysages de falaises de Tunisie du Sud.
6) zones de sédentarisation plus récente après 1950 dans la région des steppes et du désert.

Si l'on procède à une comparaison de ces unités spatiales, l'on ne peut manquer de noter la régionalisation agronomique et écologico-climatique. Les phases les plus importantes du développement historique du système d'habitat deviennent en même temps manifestes, dans la mesure où elles revêtent une importance pour la situation actuelle. Des signes conventionnels supplémentaires caractérisent des types d'habitat avec des fonctions régionales typiques.

La conception de la carte de l'habitat repose sur des séjours de longue durée dans la zone étudiée. Les travaux topographiques ont été réalisés pour l'essentiel conjointement avec l'auteur de la carte N12 Géographie Economique ainsi que N 13 Géographie de la Circulation, A. ARNOLD (voir AFRIKA-KARTENWERK, feuilles N 12 et N 13). On a ainsi saisi les principaux types d'habitat sur la base des cartes topographiques officielles à l'échelle 1: 50 000. Des cartographies détaillées donnent un aperçu des différents éléments déterminants de la structure de l'habitat, variables selon les zones. A partir d'une généralisation des observations sur le terrain est apparue une première classification globale des zones d'habitat à l'échelle 1:200 000. La présente carte put ensuite être dans un premier temps élaborée à l'échelle 1:500 000 à partir de la description susmentionnée. Tout comme pour la carte démographique, la réduction à l'échelle 1:1 million fut effectuée par voie photomécanique.

La monographie accompagnant la carte Géographie de l'Habitat a pour objet de décrire de la façon la plus claire possible les différents types d'habitat. Ce qui est ici essentiel c'est d'évaluer de façon détaillée la causalité des cinq domaines de critères déterminés ci-dessus en fonction de leur importance respective.

Un S est à chaque fois placé dans le texte devant les chiffres de la légende de la carte Géographie de l'Habitat (voir AFRIKA-KARTENWERK, feuille N 9). Les indications se référant à différents postes de la légende de la carte Géographie Agraire (H. ACHENBACH) sont signalisés par un A (voir AFRIKA-KARTENWERK, feuille N 11).